Titel der Originalausgabe:
Barnens Bästa Bibel, © 2020 Speja Förlag, Sävedalen
Text © 2020 Sören Dalevi
Illustration © 2020 Marcus-Gunnar Pettersson
Veröffentlicht unter Vermittlung und in Zusammenarbeit mit Votum Media AB, Schweden

Alle Bibelstellen zitiert nach: Gute Nachricht Bibel, durchgesehene Neuausgabe, © 2018 Deutsche Bibelgesellschaft, Stuttgart

1. Auflage der deutschsprachigen Ausgabe 2022

Illustrationen: © Marcus-Gunnar Pettersson
Printed in Lettland
ISBN 978-3-579-06284-6
www.gtvh.de

MIX
Papier aus verantwortungsvollen Quellen
FSC® C002795

Printed matter
3041 0893

Sören Dalevi

Unsere allerbeste KINDERBIBEL

Mit Illustrationen
von Marcus-Gunnar Pettersson

Aus dem Schwedischen
von Hanna Schott

INHALT

In diesem Buch hörst du von einer Geschichte, die man sich schon seit Tausenden von Jahren erzählt. Sie handelt von Mut und Freundschaft, aber auch davon, wie Menschen einander betrügen. Es ist eine Geschichte von Menschen wie du und ich. Sie ist spannend, manchmal grausam und oft fantastisch.

Fangen wir an …

JESUS WIRD GEBOREN

Es war einmal ein Mädchen, das hieß Maria. Sie lebte in einer kleinen Stadt mit Namen Nazareth. Nicht mehr lang, dann würde sie Josef heiraten. Maria war schon ganz nervös, wenn sie an die Hochzeit und all das dachte. Aber sie freute sich auch darauf.

Eines Tages aber passierte etwas, das Marias Leben für immer veränderte. Plötzlich spürte sie vor sich einen starken Wind, und sie konnte eine Stimme hören, die vom Himmel zu ihr sprach. Obwohl sie noch nie etwas Ähnliches erlebt hatte, wusste sie sofort, dass es ein Engel war.

Der Engel hieß Gabriel und sagte: »Hab keine Angst, Maria! Gott ist mit dir.«
Und dann sagte der Engel, dass Maria ein Kind bekommen werde.
»Das Kind, das du zur Welt bringen wirst, ist Gottes Sohn.«

So schnell, wie der Engel aufgetaucht war, war er auch schon wieder fort. Nur im Baum hörte man noch den Wind rauschen. Maria konnte kaum atmen. Wie sollte das geschehen? Sollte *sie* Gottes Sohn zur Welt bringen?

Maria bekam es mit der Angst zu tun. Sie hatte doch tatsächlich zum Engel gesagt: »Ich will tun, was Gott will. Es wird so kommen, wie du gesagt hast.«

Als Josef erfuhr, dass Maria ein Kind erwartete, wollte er die Hochzeit absagen. Das war ja nicht sein Kind. Er war gleichzeitig wütend, traurig und enttäuscht. Aber in der Nacht zeigte sich der Engel Gabriel auch Josef.

In einem Traum sagte der Engel: »Josef, hab keine Angst, Maria zu heiraten. Das Kind, das sie erwartet, ist Gottes Sohn. Gott ist sein Vater, und du, du sollst ihm den Namen Jesus geben.«

Josef tat, was der Engel ihm gesagt hatte, und heiratete Maria.

Der Kaiser, der das Land regierte, hatte beschlossen, dass alle Menschen in ihre Heimatstadt reisen sollten, um sich in Listen eintragen zu lassen. Alle mussten das tun. Alte und Junge. Der Kaiser wollte nämlich wissen, wie viele Menschen in seinem Land wohnten. Und obwohl Maria schwanger war und die Geburt kurz bevorstand, reisten auch sie und Josef nach Bethlehem, in Josefs Heimatstadt.

Überall waren Menschen. Alle Gasthäuser und Hotels waren voll. Nirgends konnten sie ein Zimmer zum Übernachten finden. Und während sie an einer Tür nach der anderen klopften, merkte Maria, dass die Geburt begann.

Und so kam es, dass Gottes Sohn in einem kleinen Stall geboren und in eine Futterkrippe gelegt wurde.

In derselben Nacht hatten einige Hirten vor der Stadt ihr Lager aufgeschlagen. Sie hatten ein Feuer gemacht, um sich zu wärmen, während sie ihre Schafe hüteten. Plötzlich wuchs der helle Schein des Feuers, und ein Engel zeigte sich:

»Habt keine Angst! Ich komme mit einer guten Nachricht: Heute Nacht ist ein Erlöser geboren worden, und sein Name ist Jesus.«

Als der Engel das sagte, hellte sich der Nachthimmel auf, und eine große Schar von Engeln sang:

»Ehre sei Gott in der Höhe und Friede auf Erden!«

Als die Engel wieder verschwunden und in den Himmel aufgestiegen waren, liefen die Hirten zu dem Stall, von dem die Engel gesprochen hatten. Im hinteren Teil des Stalls, noch hinter den warmen Eseln und wiederkäuenden Kühen fanden sie Maria und das neugeborene Kind.

Die Hirten erzählten Maria von den Engeln und ihrem Gesang. Maria hörte genau zu und merkte sich alles, was sie erzählten. Und sie bewahrte alle Worte in ihrem Herzen.

Josef und Maria gaben dem Kind den Namen Jesus, genau wie der Engel es gesagt hatte.

Stille Nacht, heilige Nacht

2. Stille Nacht, heilige Nacht!
Hirten erst kundgemacht,
durch der Engel Halleluja
tönt es laut von fern und nah:
Christ, der Retter, ist da,
Christ, der Retter, ist da!

3. Stille Nacht, heilige Nacht!
Gottes Sohn, o wie lacht
Lieb aus deinem göttlichen Mund,
da uns schlägt die rettende Stund,
Christ, in deiner Geburt,
Christ, in deiner Geburt.

T: JOSEPH MOHR (1816) 1818; BEI JOHANN HINRICH WICHERN 1844
M: FRANZ XAVER GRUBER (1818) 1833; BEI JOHANN HINRICH WICHERN 1844

HERODES UND DIE WEISEN MÄNNER

Nicht nur die Hirten verstanden, dass etwas Großes geschehen war. In einem Land, das weit, weit entfernt lag, gab es nämlich drei Männer. Sie hießen Kaspar, Melchior und Balthasar.

In dieser Nacht entdeckten sie, wie ein neuer, großer Stern am Himmel auftauchte.

»Habt ihr das gesehen? Etwas Großes ist passiert!«, sagte Kaspar.

»Ein König ist geboren worden!«, sagte Melchior.

»Wir machen uns sofort auf den Weg!«, sagte Balthasar.

Sie folgten dem Stern und wussten schon bald, in welchem Land das Kind geboren worden war. Aber wie sollten sie den genauen Ort finden? Sie gingen zu König Herodes, um ihn zu fragen. Wo, wenn nicht in seinem Palast, konnte der neue König zur Welt gekommen sein?

Herodes war ein böser König, aber das wussten die drei weisen Männer nicht. Als sie ihn nach dem neuen König fragten, wurde Herodes rasend vor Wut. Aber vor Kaspar, Melchior und Balthasar zeigte er das lieber nicht.

Stattdessen sagte er: »Ein neuer König in Israel? Das ist ja überaus erfreulich! Wenn ihr ihn findet, dann sagt es mir, damit auch ich ihn ehren und ihm Geschenke bringen kann. Natürlich werde ich euch, wenn ihr dann zu mir zurückkommt, mit einer Menge Geld belohnen.«

Ein Priester im Palast des Herodes sagte den drei weisen Männern: »In unseren Schriften steht, dass eines Tages in Bethlehem ein König geboren werden soll. Vielleicht ist er ja dort geboren. Fangt am besten in Bethlehem mit der Suche an.«

Die drei weisen Männer machten sich nach Bethlehem auf. Und richtig: In Bethlehem redeten die Menschen schon über das kleine Kind, das in einem Stall zur Welt gekommen war.

Die drei wunderten sich ein wenig, dass das Kind in einem Stall geboren worden war. Sie hatten eher ein Schloss erwartet.

»Du bist bestimmt der erste König, der in einer einfachen Futterkrippe liegt. Du musst irgendwie ein anderer König sein«, sagte Balthasar.

Die drei weisen Männer hatten kostbare Geschenke dabei, Gaben, wie sie sich zur Geburt eines Königs gehörten: Gold, Weihrauch und ein edles Parfum, das Myrrhe hieß.

Maria sagte: »Er soll Jesus heißen. Der Name bedeutet ›Gott rettet‹, denn eines Tages soll er sein Volk vom Tod erretten.«

Da fielen die drei weisen Männer vor dem Kind auf die Knie.

In dieser Nacht hatte Kaspar einen Traum, und ihm wurde klar, dass sie Herodes nichts von dem Kind erzählen durften. Die drei weisen Männer machten sich deshalb auf die Heimreise, ohne dem bösen König etwas zu sagen.

Als die drei weisen Männer fort waren, hatte auch Josef einen Traum. In diesem Traum sagte ein Engel zu ihm: »Nimm Maria und das Kind, und fliehe mit ihnen nach Ägypten! Herodes wird versuchen, euch zu töten.«

Josef, Maria und das Kind verließen also das Land und flohen nach Ägypten.

Als Herodes begriff, dass die drei weisen Männer fortgezogen waren, ohne ihm zu erzählen, wo sie das neugeborene Königskind gefunden hatten, packte ihn der Zorn. Aber als seine Soldaten anfingen, nach dem Kind zu suchen, waren Jesus und seine Eltern schon in Sicherheit.

Mehrere Jahre lang versteckten Josef, Maria und Jesus sich in Ägypten, damit Herodes' Soldaten sie nicht finden konnten. Jeden Abend, wenn Jesus sich schlafen legte, beteten Maria und Josef zu Gott. Vielleicht klang ihr Gebet so:

> Gott, der du mich heut bewahrt,
> beschütze mich auch diese Nacht.
> Du sorgst für alle, groß und klein,
> drum schlaf ich ohne Sorgen ein.
>
> TRADITIONELLES GEBET

Wenn du magst, kannst du dieses Gebet auch beten.

Ihr Kinderlein, kommet

2. O seht in der Krippe im nächtlichen Stall,
seht hier bei des Lichtleins hellglänzendem Strahl
in reinlichen Windeln das himmlische Kind,
viel schöner und holder, als Engel es sind.

3. Da liegt es, das Kindlein, auf Heu und auf Stroh,
Maria und Joseph betrachten es froh,
die redlichen Hirten knien betend davor,
hoch oben schwebt jubelnd der Engelein Chor.

4. O beugt wie die Hirten anbetend die Knie,
erhebet die Hände und danket wie sie;
stimmt freudig, ihr Kinder – wer wollt sich nicht freun? –,
stimmt freudig zum Jubel der Engel mit ein.

T: CHRISTOPH VON SCHMID (1798) 1811
M: JOHANN ABRAHAM PETER SCHULZ 1794, GEISTLICH GÜTERSLOH 1832

Jeden Abend vor dem Einschlafen setzten sich Maria und Josef zu Jesus. Sie erzählten ihm von Noah und der Arche, von Mose und Pharaos Tochter, von David und Goliat.
Diese Geschichten hatten sie selbst als Kinder erzählt bekommen, und jetzt erzählten sie sie weiter. Genau wie ihre Eltern es gemacht hatten und deren Eltern und deren Eltern …

Die Geschichten, die du jetzt findest, sind also dieselben, die Jesus hörte, als er klein war.

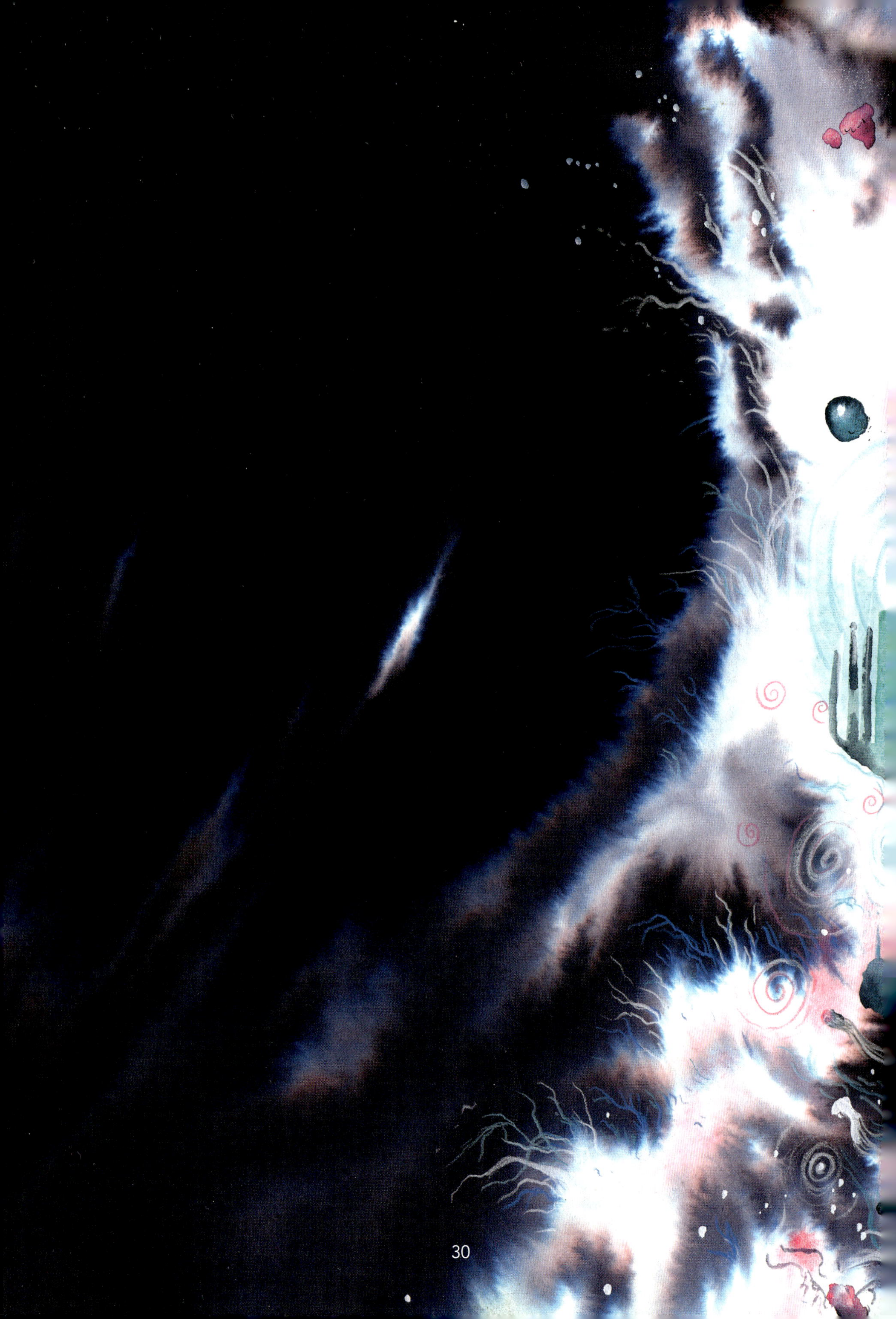

DIE SCHÖPFUNG

Am Anfang, ehe es irgendetwas gab, war es dunkel und chaotisch. Ein einziges **Tohuwabohu.**

Da sagte Gott: »Es werde Licht!«

Und Gott schuf die Erde. Fische, Frösche, Hunde, Katzen, Löwen und Vögel.

Und sie gefielen ihm.

Aber es fehlte ihm noch irgendetwas. Er wollte gern jemanden haben, der so ähnlich sein sollte wie er selbst. Da schuf Gott den Menschen.

Aber eine ganze Erde und darauf nur ein einziger Mensch – das war nicht gut. Deshalb ließ Gott den Menschen einschlafen. Und als er schlief, nahm Gott eine Rippe aus seinem Körper und schuf daraus einen zweiten Menschen. Jetzt gab es einen Mann und eine Frau, und sie waren nicht mehr einsam. Gott nannte die beiden Adam und Eva.

Und sie gefielen ihm.

Und Gott machte den siebten Tag zu einem besonderen Tag, an dem die Erde, die Tiere und die Menschen sich ausruhen sollten.

Adam ruhte, Eva ruhte. Alle Tiere ruhten. Ja, sogar Gott ruhte sich aus. Wunderbar!

Und Gott gefiel es. Sehr sogar!

Vom Aufgang der Sonne

IM KANON ZU SINGEN

T: PSALM 113,3
KANON FÜR 4 STIMMEN: PAUL ERNST RUPPEL 1938

DIE SCHLANGE

Adam und Eva durften in einem schönen Garten wohnen, der Eden hieß. Dort gab es alles, was sie brauchten.
Es gab da frisches Wasser, große Wälder und erstaunliche Tiere. Es gab schöne Wege, auf denen sie wandern konnten.

Aber auf der Erde gab es auch ein listiges Tier: die Schlange.

Eines Tages hörte die Schlange, wie Gott mit Adam und Eva sprach.

Gott sagte: »Ihr dürft von allen Bäumen essen, die es hier gibt. Nur von einem nicht. Es ist der Baum, den ich ›Baum der Erkenntnis‹ nenne. Wenn ihr von diesem Baum esst, wird euch das durcheinanderbringen. Ihr werdet traurig sein und erkennen, dass ihr schwach und nackt seid und dass euer Leben ein Ende haben wird.«

Die Schlange war hinterhältig, und eines Tages schlich sie sich zu Eva.

»Ich habe gehört, wie Gott euch gesagt hat, dass ihr keine Früchte aus diesem Garten essen dürft«, zischelte sie.

Eva zuckte zusammen.

»Doch, wir dürfen essen, was wir wollen«, antwortete sie. »Nur …« Eva schaute vorsichtig zum Baum der Erkenntnis. »Nur keine Früchte von diesem Baum«, sagte sie und zeigte auf ihn.

Die Schlange antwortete: »Ha, was für ein albernes Verbot! Typisch Gott! Er ist ein Langweiler, der einem jeden Spaß vermiest. Siehst du nicht, wie gut diese Frucht aussieht?«

Eva sah sich die Frucht an. Die Schlange hatte recht. Die Frucht sah unglaublich gut aus.

Eva sah sich um. Niemand war da. Was wäre falsch daran, wenn sie kurz mal probieren würde? Keiner würde es merken.

Sie streckte sich und pflückte schnell eine der Früchte.

»Gut!«, sagte die Schlange. »Du machst das super!«

Oh, diese Frucht schmeckte ja so gut!

Eva lief zu Adam und ließ ihn auch probieren. Warum bloß hatten sie das nicht schon früher getan?

Aber als sie beide noch ein paarmal hineingebissen hatten, geschah plötzlich etwas. Sie hatten vorher noch nie darüber nachgedacht, aber auf einmal fiel ihnen auf, dass sie nackt waren. Sie gerieten ganz durcheinander.
Eilig sammelten sie Blätter, um sich daraus Kleider zu machen.
Da hörten sie, dass Gott auf dem Weg zu ihnen war. Adam und Eva sahen sich an. Sie schämten sich und versteckten sich vor Gott.

»Wo seid ihr?«, rief Gott.

»Ich bin hier«, sagte Adam. »Ich hab dich kommen hören, aber weil ich fast nackt bin, habe ich mich versteckt.«

»Wer hat dir denn gesagt, dass du nackt bist?«, fragte Gott. »Hast du von der verbotenen Frucht gegessen?«

Adam zeigte auf Eva und sagte: »Sie hat mir davon zu essen gegeben!«

Eva schaute Gott an und sagte: »Die Schlange hat mich dazu gebracht!«

Gott war enttäuscht. Zuerst wegen der Schlange, aber er war auch wütend und traurig wegen Adam und Eva. Warum hatten sie nicht auf ihn gehört? Er wollte doch nur das Beste für sie. Aber weil sie von der Frucht gegessen hatten, konnten sie nicht länger im Garten Eden wohnen.

Aber Gott sorgte weiter für Adam und Eva und machte ihnen Kleider aus Fellen.

Der Herr ist bei dir,
hält die Hand über dich,
damit dich die Hitze der Sonne nicht quält
und der Mond dich nicht krank macht.
Der Herr wendet Gefahr von dir ab
und bewahrt dein Leben.
Auf all deinen Wegen wird er dich beschützen,
vom Anfang bis zum Ende,
jetzt und in aller Zukunft!

PSALM 121,5-8

Kain und Abel

Schon bald, nachdem Adam und Eva den Garten Eden verlassen hatten, wurde Eva schwanger und bekam einen Sohn.
Sie nannten ihn Kain.
Wenig später wurde sie wieder schwanger und bekam einen zweiten Sohn, Abel.

Abel wurde Schafhirte, Kain wurde Bauer.

Damals gab man Gott etwas, wenn man ihm danken wollte. Das nannte man »ein Opfer bringen«.

Eines Tages brachte Kain Gott ein Opfer. Weil Kain Bauer war, gab er Gott einen Teil seiner Ernte.

Auch Abel brachte Gott ein Opfer, und weil er Hirte war, gab er Gott ein Schaf.

Aber Gott gefiel das, was Abel ihm schenkte, besser als das, was er von Kain bekam.

Kain wurde gleichzeitig traurig und wütend. ›Warum mag Gott Abel mehr als mich?‹, fragte er sich. Schließlich wurde er so zornig, dass er Abel töten wollte.

Gott sah das und sagte zu Kain: »Kain, warum bist du so zornig? Das Leben ist nicht immer fair, aber du bist es, der entscheidet, wie du mit deinem Zorn umgehst.«

Aber Kain blieb wütend. Eines Tages sagte er zu seinem Bruder Abel: »Abel, komm mit mir, wir schauen, was auf meinem Acker wächst.« Abel ging mit. Und als sie auf dem Acker waren, fiel Kain über Abel her und schlug ihn tot.

Gott sagte zu Kain: »Was hast du getan? Verschwinde von hier, du Mörder!«

Kain war verzweifelt.

»Gott, das überlebe ich nicht! Wenn du mich von hier vertreibst, kann jeder, der mir begegnet, mich umbringen.«

Gott hatte Mitleid mit Kain und sagte: »Kain, ich werde mit dir sein, trotz allem. Du musst von hier fortziehen, aber ich werde dich beschützen. Denn ich bin ein Gott, der vergibt, ein Gott, der gnädig ist.«

Und Gott machte Kain ein Schutzzeichen, damit niemand ihn umbrachte.

Kain zog fort, weit weg. Er betete weiter zu Gott.
Und Gott sorgte weiter für Kain.

Wo ich stehe, wo ich gehe,
bist du, lieber Gott, bei mir.
Wenn ich dich auch niemals sehe,
weiß ich sicher, du bist hier.

TRADITIONELLES GEBET

NOAH

Die Menschen hörten nicht auf, einander Böses anzutun.
Sie sorgten nicht füreinander und nicht für die Natur.

Und Gott sah, dass die Bosheit auf der Welt groß war.
Ja, es ging so weit, dass Gott bereute, den Menschen
geschaffen zu haben.

Deshalb wählte Gott einen Menschen aus.
Der hieß Noah.

Eines Tages redete Gott mit Noah und sagte zu ihm:

»Die Menschen, die ich geschaffen habe, zerstören
die Welt und füllen sie mit Gewalt. Ich werde die
Menschheit auf der ganzen Erde vernichten.
Ich bereue, dass ich sie geschaffen habe.«

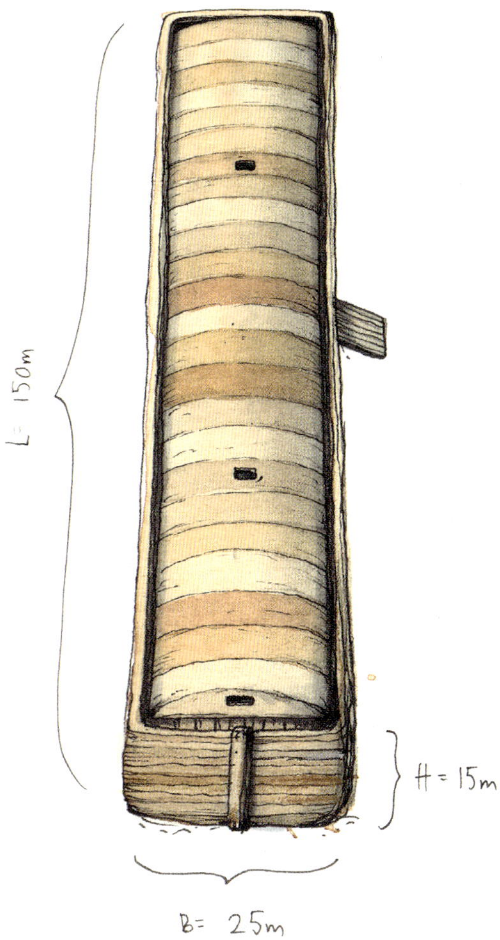

Und dann gab Gott Noah den Auftrag, ein großes Schiff zu bauen, eine Arche. Sie sollte 150 Meter lang sein, 25 Meter breit und 15 Meter hoch.

»In diese Arche darfst du auch deine Familie mitnehmen«, sagte Gott zu Noah. »Und ich will, dass du von allen Tieren, die es auf der Welt gibt, je ein Paar mitnimmst, damit jede Tierart überlebt. Nimm auch genug Futter mit für alle auf die Arche, denn ich werde eine große Flut über die Erde schicken. 40 Tage und 40 Nächte lang wird es regnen. Alles, was es auf der Welt gibt, wird verschwinden.«

Noah tat, was Gott ihm gesagt hatte.

An dem Tag, als Noah mit allem fertig war und alle Tiere in die Arche gekommen waren, schloss Gott die Tür.

Und es begann zu regnen. Es regnete und regnete.
Die Wassermassen waren so groß, dass sie die ganze Erde bedeckten und die Arche zu schwimmen begann. Und das Wasser stieg immer noch. Es stieg und stieg. Und 150 Tage lang überflutete es die ganze Erde.

Eines Tages ließ Noah eine Taube aus der Arche fliegen, um zu prüfen, ob das Wasser abgeflossen war. Aber die Taube kam schon bald zurück. Sie hatte sich nirgends hinsetzen können, und Noah begriff, dass ringsumher noch Wasser war.

Noah wartete sieben Tage und ließ die Taube dann noch einmal frei. Erst am Abend kam die Taube zurück, und diesmal hatte sie einen Zweig von einem Ölbaum im Schnabel. Da wusste Noah, dass das Wasser abgeflossen war. Und Gott sagte zu Noah: »Jetzt kannst du die Arche verlassen, denn das Wasser ist fort. Lass alle Tiere frei.«

Und Gott setzte den Regenbogen in den Himmel. Er sollte das Zeichen für die neue Freundschaft zwischen Gott und den Menschen sein.

»Der Regenbogen ist das Zeichen für mein Versprechen, das ich allen gebe«, sagte Gott. »Nie mehr werde ich alles Leben auf der Erde auslöschen. Jetzt beginnen wir neu, und diesmal soll es besser werden! Gebt aufeinander acht, sorgt für die Tiere und bewahrt die Erde.«

Und dann gingen Noah und seine Familie und alle Tiere hinaus in die Welt.

Gott,
segne und behüte uns.
Lass dein Angesicht leuchten über uns
und sei uns gnädig.
Wende uns dein Angesicht zu
und gib uns Frieden.
Amen

Hewenu schalom alejchem

T: AUS ISRAEL (DT. TEXT/BEARBEITUNG: GERHARD DEUTSCHMANN)
M: CHASSIDISCHES TANZLIED VOR 1942

DER TURM VON BABEL

Die Jahre vergingen, und die Menschen wurden immer zahlreicher. Damals sprachen aber alle immer noch dieselbe Sprache. Viele ließen sich an einem Ort nieder, der Babel hieß. Die Leute in Babel waren geschickt und fleißig. Am besten waren sie im Häuserbauen, und eines Tages hatten sie eine Idee:

»Wir bauen einen Turm. Hoch bis in den Himmel!«

»Ja, dann werden wir berühmt!«

»Und wir zeigen, dass wir die Größten und die Besten sind!«

»Und die Schönsten!«

»Babel ist unschlagbar!
Babel ist voll cool!«

Und schon begannen sie zu bauen. Sie bauten und bauten, sie wimmelten und wuselten auf der Baustelle herum.
Und Gott sah, dass die Menschen in Babel nur an sich selbst und ihren Turm dachten.

»Sie sind ein einziges Volk, und sie sprechen alle ein und dieselbe Sprache. Nichts ist ihnen mehr unmöglich, und was sie anfassen, das gelingt.«

Da entschloss sich Gott, ihre Sprache zu verwirren, sodass der eine den anderen nicht mehr verstehen konnte.

Und so kam es zu einem heillosen Durcheinander in Babel, weil die Menschen aufhörten, einander zu verstehen.

Danach verteilten sich die Menschen über die ganze Welt. Und sie sprachen nicht mehr dieselbe Sprache.

Alle sind im Stress,
alle haben es eilig,
keiner schaut auf das, was klein ist.
Aber Gott sieht das Kleine, Gott sieht auch mich.
Gott sieht auf das, was unscheinbar ist.

SÖREN DALEVI

UR

SARA, HAGAR UND ABRAHAM

In einer Stadt, die Ur hieß, lebten Abraham und Sara.

Eines Tages sagte Gott zu ihnen: »Ich habe euch auserwählt. Ihr sollt ein großes Volk werden. Deshalb verlasst euer Land und zieht an einen Ort, den ich für euch vorgesehen habe.«

Abraham und Sara taten, was Gott ihnen gesagt hatte, und verließen ihr Land, ließen alles hinter sich und zogen in das neue Land.

Es war eine lange Reise, eine sehr lange Reise. Es war anstrengend, in der Hitze so lange zu wandern. Aber das war noch nicht das Schlimmste. Abraham und Sara hatten ein anderes, viel größeres Problem. Sie hatten keine Kinder. Wie sollten sie zu einem großen Volk werden, wenn sie noch nicht mal ein einziges Kind hatten?

Aber Sara hatte eine Dienerin, eine Sklavin, die Hagar hieß. Und Sara sagte zu Abraham: »Geh zu Hagar. Ich kann keine Kinder bekommen, aber wir müssen ja ein Kind bekommen. Vielleicht kann Hagar schwanger werden?«

Und Hagar wurde schwanger. Aber als Hagar einen dicken Bauch bekam, wurde Sara eifersüchtig. Warum konnte Hagar schwanger werden, aber sie, Sara, nicht? Sara begann, Hagar schlecht zu behandeln.

»Bilde dir nicht ein, dass du etwas Besseres bist als ich, nur weil du Kinder bekommen kannst und ich nicht!«

Es wurde so schlimm, dass Hagar weglief und in die Wüste floh. Aber Gott ging ihr nach und sagte:

»Hagar, ich sehe, dass du traurig bist und dass du Angst hast, zu Abraham und Sara zurückzugehen. Aber hab keine Angst! Ich werde mit dir sein.«

Und Hagar sagte zu Gott: »Du siehst alle Menschen und sorgst für sie. Ja, du bist der Gott, der mich sieht!«

Und so wurde Hagar der erste Mensch in der Bibel, der Gott einen Namen gab: »der Gott, der mich sieht«.

Und Hagar kehrte zurück und bekam einen Sohn, der Ismael genannt wurde.

Schließlich wurde auch Sara schwanger. Wie sehr sie sich das gewünscht hatte! Sie bekam einen Sohn, den sie Isaak nannten.

Gott steht hinter dir

2. Gott geht neben dir,
er kann dich beschützen,
und sein guter Geist
wird dich unterstützen.
Gott geht neben dir,
er geht neben dir.

3. Gott ist unter dir
und du wirst getragen,
ob in Freud, ob Leid,
du brauchst nicht verzagen.
Gott ist unter dir,
er ist unter dir.

ORIGINALTEXT: TRADITIONELL
T (DT): ECKART BÜCKEN
M: REINHARD HORN (WWW.REINHARDHORN.DE)
AUS BUCH / CD: »WELTSEGENSLIED FÜR KINDER«

JAKOB UND ESAU

Die Jahre vergingen, Isaak wuchs und wurde ein erwachsener Mann. Er heiratete Rebekka, und die beiden bekamen zwei Söhne: Jakob und Esau. Als Isaak alt wurde, konnte er so schlecht sehen, dass er fast blind war. Eines Tages sagte er zu seinem älteren Sohn Esau: »Ich bin alt und ich weiß nicht, wie lange ich noch leben werde. Nimm Pfeil und Bogen, geh hinaus, schieß mir ein Tier und bereite mir mein Lieblingsgericht zu. Dann will ich dir meinen Segen geben, bevor ich sterbe.«

Zu jener Zeit war der Segen das Größte, das man einem Menschen geben konnte. Es waren nicht nur ein paar schöne Worte, es war eher so, als gäbe man jemanden etwas von der eigenen inneren Kraft. Man konnte nur einen einzigen Segen weitergeben, und wenn man das getan hatte, konnte man es nicht mehr rückgängig machen.

Dass Esau nun den Segen seines Vaters Isaak bekommen sollte, war also eine große Sache. Es war der wichtigste Tag in seinem Leben. Jetzt war er erwachsen! Er nahm Pfeil und Bogen und ging hinaus. Für seinen Vater wollte er ein Tier jagen, für einen Braten, der ihm besonders gut schmecken würde.

Aber Rebekka hatte zufällig gehört, was Isaak zu Esau gesagt hatte. Und sie wollte, dass Jakob den Segen bekam, nicht Esau. Sie lief eilig zu Jakob und sagte: »Schnell! Ich habe gerade gehört, wie dein Vater mit deinem großen Bruder gesprochen hat. Er will ihm den Segen geben.«

Sie sah sich um. Dann sagte sie: »Pass auf, wir machen das so …: Wir nehmen eine von unseren eigenen Ziegen und machen daraus Vaters Lieblingsgericht. Dann sind wir schneller als Esau.«

»Aber Mama, Esau hat doch so viele Haare an den Armen, und ich nicht«, sagte Jakob. »Papa merkt doch gleich, dass ich es bin und nicht Esau.«

»Ich finde schon eine Lösung«, sagte Rebekka.

Rebekka bereitete das Essen vor und ließ Jakob Esaus Kleidung anziehen. Außerdem nahm sie das Fell einer Ziege und legte es über Jakobs Hände und seinen Hals, so dass sie sich haarig anfühlten. Jakob nahm das Essen und ging zu seinem Vater.

»Wer kommt da?«, fragte Isaak.

»Es ist Esau, dein ältester Sohn«, sagte Jakob.

»Oh! So schnell hast du ein Tier erlegt und gleich das Essen vorbereitet?! Wie hast du das geschafft?« Jakob antwortete: »Gott war mit mir, Papa.«

Aber Isaak war misstrauisch. »Komm zu mir her, damit ich dich anfassen und erkennen kann, ob du wirklich mein Sohn Esau bist.« Isaak berührte Jakobs Hände. »Merkwürdig«, sagte er, »es ist Jakobs Stimme, aber es sind Esaus Hände.«

So gab Isaak Jakob seinen Segen.

Dann kam Esau zurück. Er bereitete ein gutes Essen vor und ging zu seinem Vater.
»Wer kommt da?«, fragte Isaak.
»Es ist Esau, dein ältester Sohn«, sagte Esau.
Isaak erschrak und rief: »Aber wer war das denn, der eben hier war und sagte, er sei Esau?«
»Hast du für mich keinen Segen mehr?«, fragte Esau, und die Tränen stiegen ihm in die Augen.
»Nein«, sagte Isaak. »Dein Bruder hat dir den Segen gestohlen.«

Esau wurde rasend vor Wut. Rebekka merkte es und warnte Jakob: »Ich glaube, dein Bruder will dich umbringen. Du musst fliehen.«

Und Jakob floh hinaus in die Nacht.

Heute gab es Zank und Streit.
Lieber Gott – es tut mir leid.
Gib uns zum Vertragen Mut,
dann wird alles wieder gut.

TRADITIONELLES GEBET

JAKOBS TRAUM

Jakob rannte, bis er keine Kraft mehr hatte. Er fand einen Platz, an dem er die Nacht verbringen konnte. Es war kalt und dunkel, und Jakob fühlte sich ganz verlassen. Er nahm einen Stein und legte ihn unter seinen Kopf wie ein Kissen.

Wie hatte das nur passieren können? Warum bloß hatte er auf seine Mutter gehört!? Ob Esau ihn wohl finden und töten würde?
Die Gedanken kreisten in seinem Kopf herum, aber schließlich schlief er doch ein.

Und Jakob träumte. Im Traum sah er eine Leiter, die von der Erde bis hinauf in den Himmel reichte, und die Engel Gottes stiegen auf ihr hoch und nieder.
Plötzlich stand Gott im Traum vor ihm und sagte: »Ich bin Gott, Isaaks Gott und Abrahams Gott. Den Boden, auf dem du schläfst, will ich dir geben, dir und deinen Kindern. Und ich werde mit dir sein und dich schützen, wo immer du auch hingehst und was immer du auch tust. Ich werde dich nie verlassen.«

Jakob wachte aus seinem Traum auf und sagte: »Gott war tatsächlich hier, und ich wusste es nicht. Ja, Gott ist mit uns, auch wenn wir nur Dunkelheit spüren.«

Jakob gab diesem Ort den Namen Bethel, denn das bedeutet: »Gottes Haus«.

Und es kam, wie Gott es gesagt hatte: Gott verließ Jakob niemals.

Jakob heiratete und bekam viele Kinder, darunter zwölf Söhne. Doch er sehnte sich immer nach seinem Zuhause, und nach vielen Jahren entschloss er sich, zurückzukehren. Aber würde Esau ihm verzeihen? Oder war er immer noch böse auf ihn?

Es war ein langer Rückweg. Als sie an einen Fluss kamen, der Jabbok hieß, überquerten Jakobs Frau und seine Kinder ihn als Erste. Aber als Jakob selbst ans andere Ufer gelangen wollte, erschien plötzlich ein Unbekannter und begann, mit ihm zu kämpfen. Sie rangen die ganze Nacht miteinander, und es wurde ein Kampf auf Leben und Tod.

Als es Morgen wurde, ließ der Mann Jakob los und sagte zu ihm: »Du hast mit Gott und Menschen gekämpft und gewonnen. Deshalb werde ich dich nicht länger Jakob nennen, sondern Israel.« (Der Name Israel bedeutet »Gotteskämpfer«.)

Jakob wunderte sich sehr. Er überquerte den Fluss – auf der anderen Seite stand Esau. Jakob verbeugte sich tief und sagte, während ihm die Tränen kamen: »Vergib! Vergib mir!«
Esau lief auf ihn zu. Und als er vor Jakob stand, fiel er ihm um den Hals und küsste ihn. Da fingen beide an, laut zu weinen. Esau hatte Jakob vergeben. Er war überglücklich, seinen Bruder wiederzusehen, der so viele Jahre fort gewesen war.

O Wunder der Barmherzigkeit

2. Die Gnade hat mich aufgeschreckt
aus falscher Sicherheit,
den Glauben dann in mir geweckt,
aus aller Angst befreit.

O WUNDER DER BARMHERZIGKEIT
ORIGINALTITEL: AMAZING GRACE
TEXT: JOHN NEWTON (1779)
MELODIE: SOUTHERN FOLK MELODY
DT. TEXT: KLAUS HAACKER

JOSEF IM BRUNNEN

Die Jahre vergingen, und Jakob wurde alt. Er hatte ja zwölf Söhne, aber einer von ihnen war sein Lieblingssohn: Josef.

Eines Tages schenkte Jakob Josef einen langen, wunderschönen Mantel. Er war von feinstem Stoff und in verschiedenen Farben gewebt. Das machte die Brüder eifersüchtig. Sie hatten nicht so schöne Kleider wie Josef. Und obendrein hatte Josef Träume.

Eines Nachts träumte Josef, dass sich die Sonne, der Mond und die Sterne vor ihm verneigten. Diesen Traum erzählte er seinen Brüdern. Das machte sie nur noch eifersüchtiger. »Was für ein Spinner!«, sagten sie zueinander. »Der hält sich für wer weiß was. Kommt, den müssen wir loswerden!«

Die Brüder hatten genug von Josef und seiner Angeberei.

Sie zogen ihm den Mantel aus und warfen ihn in einen tiefen Brunnen. Dann nahmen sie das Blut eines Schafs und beschmierten damit den Mantel. Als sie nach Hause kamen, zeigten sie ihrem Vater den Mantel und sagten: »Ein Löwe ist gekommen und hat Josef mit sich geschleppt. Das hier ist das Einzige, das übrig geblieben ist.«

Jakob war todunglücklich. Niemand konnte ihn trösten. Er weinte und weinte.

Jetzt, wo ihr Vater glaubte, Josef sei tot, konnten die Brüder ihn endgültig loswerden.
Sie gingen zurück zum Brunnen, zogen Josef heraus und verkauften ihn als Sklaven nach Ägypten. Nie mehr würden sie Josef wiedersehen. Glaubten sie.

Josef kam als Sklave an den Hof des Pharaos, des Königs von Ägypten. Dort musste er schwer arbeiten, und er vermisste seine Freunde und seinen Vater. Aber die waren weit weg, und außerdem glaubten sie ja alle, Josef sei tot.

Nachdem Josef einige Jahre in Ägypten gelebt hatte, wurde er unter den Sklaven dafür bekannt, dass er Träume deuten konnte. Und er war auch dafür bekannt, dass er jeden Abend zu Gott betete.

Vielleicht sprach er ein Gebet wie dieses:

Ich schaue auf zu den Bergen: Woher kommt mir Hilfe!
Meine Hilfe kommt vom Herrn, der Himmel und Erde
gemacht hat. Er passt auf, dass du nicht stolperst;
er schläft nicht, denn er behütet dich. Nein,
unser Gott schläft und schlummert nicht.
Der Herr ist dein Hüter, der Herr gibt dir
Schatten, er steht dir zur Seite. Bei Tag
wird dir die Sonne nicht schaden, und
in der Nacht nicht der Mond. Der Herr
behüte dich vor allem Bösen, er
behüte dein Leben.

GEORG SCHWIKART NACH PSALM 121

JOSEF DEUTET TRÄUME

Eines Nachts hatte der Pharao einen Traum. Im Traum sah er zuerst sieben fette Kühe und dann sieben magere Kühe. Am Ende des Traums fraßen die mageren Kühe die fetten Kühe auf. – Was konnte der Traum bedeuten?

Der Pharao rief seine Zauberer und Priester zu sich. Aber keiner verstand, was der Traum bedeutete. Der Pharao wurde wütend, denn er wusste, dass der Traum wichtig war.

Da sagte einer von Pharaos Dienern: »Ich kenne jemanden, der dir helfen kann. Er ist einer der Sklaven.« Und so holte man Josef.

»Dann lasst uns mal sehen, ob
du meinen Traum deuten kannst«,
sagte der Pharao zu Josef.

»Nicht ich, sondern Gott kann Träume
deuten«, sagte Josef.

»In meinem Traum stand ich am Ufer des Nils«, erzählte Pharao. »Plötzlich stiegen sieben fette Kühe aus dem Wasser. Aber dann kamen noch sieben magere und hässliche Kühe aus dem Wasser. Und die fraßen die sieben fetten Kühe auf.« Der Pharao schwieg und schaute Josef an. »Keiner meiner Priester konnte diesen Traum deuten. Was sagst du?«

»Ich sage, dass Gott zu dir gesprochen hat, damit du weißt, was du tun sollst. Die sieben fetten Kühe bedeuten sieben gute Jahre. Es wird sieben Jahre geben, in denen wir mehr als genug zu essen haben werden. Aber danach kommen sieben schwere Jahre. Eine Hungersnot wird das Land zugrunde richten. Deshalb musst du eine kluge Person auswählen, die dafür sorgt, dass wir in den sieben guten Jahren alles, was übrig bleibt, sammeln und aufheben. Dann haben wir in den sieben schlechten Jahren genug zu essen.«

Da sagte der Pharao zu Josef: »Weil Gott dir solche Weisheit gegeben hat, kann niemand für diese Aufgabe besser geeignet sein als du. Du kümmerst dich von jetzt an um alles, was mir gehört, und sammelst in den sieben guten Jahren Vorräte.«

Und so wurde Josef einer der reichsten und mächtigsten Männer Ägyptens.

JOSEFS BRÜDER KOMMEN NACH ÄGYPTEN

Die große Hungersnot traf nicht nur Ägypten. Sie traf alle Welt und auch Josefs elf Brüder und ihren alten Vater. Schließlich sagte Jakob zu seinen Söhnen: »Geht nach Ägypten. Ich habe gehört, dass der Pharao große Vorräte besitzt. Reist zu ihm und schaut, ob er euch etwas davon verkauft.«

Schon lange vor dem Vorratshaus mussten die Brüder sich in eine lange Schlange einreihen, denn von überall her waren Menschen gekommen, um Lebensmittel zu kaufen. Doch trotz der großen Menschenmenge erkannte Josef seine Brüder sofort, als er sie in der Schlange stehen sah. Aber sie erkannten ihn natürlich nicht. Als wichtigster Mann nach dem Pharao trug Josef feine Kleider, und außerdem sprach er eine andere Sprache.

Die Brüder verbeugten sich vor Josef. Josef fragte sie, woher sie kämen, aber es fiel ihm schwer, seine Tränen zurückzuhalten. Wie hatte er seine Familie vermisst! Und jetzt standen seine Brüder hier plötzlich vor ihm!

Josef entschuldigte sich, ging in einen anderen Raum und weinte. Als er wieder zu seinen Brüdern ging, befahl er ihnen, mit ihm zu Mittag zu essen.

Die Brüder sahen sich erstaunt an. Warum lud dieser wichtige Mann sie zu einer Mahlzeit ein? Da brach Josef in Tränen aus und sagte: »Ich bin Josef, euer Bruder. Lebt Papa noch?«

Aber die Brüder begriffen nicht, was da vor sich ging. Da sagte Josef noch einmal: »Ich bin Josef, euer Bruder, den ihr nach Ägypten verkauft habt. Aber seid nicht traurig, dass ihr mich hierhin verkauft habt. Ihr wolltet mir Böses tun, aber Gott hat es in etwas Gutes verwandelt.«

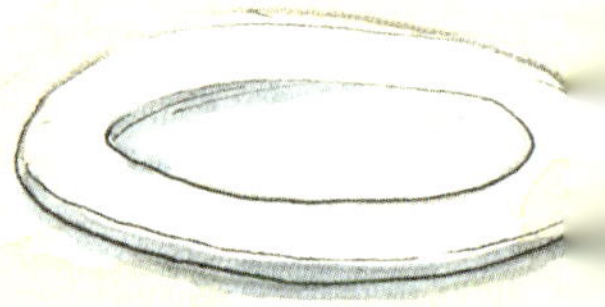

So vergab Josef seinen Brüdern, was sie ihm angetan hatten. Vater Jakob zog nach Ägypten, genau wie alle Brüder, und sie waren an jedem Tag glücklich, zusammen zu sein.

Und die Nachkommen Josefs und seiner Brüder wurden zu einem großen Volk, dem Volk Israel. Genau so, wie Gott es vor langer Zeit Abraham versprochen hatte.

Wer hat die Sonne denn gemacht,
den Mond und all die Sterne?
Wer hat den Baum hervorgebracht,
die Blumen nah und ferne?
Wer schuf die Tiere, groß und klein,
wer gab auch mir das Leben?
Das tat der liebe Gott allein,
drum will ich Dank ihm geben.

VOLKSGUT

MOSE IM SCHILF

Jahre vergingen, und Josef und seine Brüder bekamen Kinder und Kindeskinder. Ja, mit der Zeit wurden sie richtig viele. Aber inzwischen hatte das Land einen neuen König bekommen, einen Pharao, der gar nicht mehr wusste, wer Josef war. Dieser Pharao hatte Angst vor Josefs Volk. »Sie sind einfach zu viele«, sagte er. »Wir müssen etwas dagegen tun.«

Der Pharao hatte eine grauenhafte Idee. Er befahl, dass alle neugeborenen Jungen umgebracht werden sollten. Sie sollten in den Nil geworfen werden, den großen Fluss, der durch Ägypten fließt, um dort zu ertrinken.

Eins der neugeborenen Kinder hieß Mose. Er und seine große Schwester Mirjam lebten mit ihrer Mutter am Rand der Stadt. Als die Soldaten des Pharao sich ihrem Haus näherten, legte die Mutter Mose in Mirjams Arm und bat sie, das Baby zu verstecken.

»Tu, was du kannst«, flüsterte sie zu Mirjam. Dann verschloss sie die Tür hinter sich und ging zu den Soldaten, um ihnen zu sagen, dass sie woanders suchen müssten.

Mirjam rannte, wie sie noch nie gerannt war. Ihr kleiner Bruder lag versteckt in einem Tuch. »Jetzt musst du ganz still sein«, flüsterte sie ihm zu. Mirjam hoffte, der Kleine würde sie irgendwie verstehen.

Unten am Fluss sank Mirjam auf die Knie und verkroch sich im Schilf. Sie konnte hören, wie die Soldaten näherkamen, und schaute über den mächtigen Strom, der vorbeizog. Wie sollte sie bloß Mose schützen?

Plötzlich hatte sie eine Idee. Sie flocht aus dem Schilf, das um sie herum stand, schnell ein Körbchen und legte Mose hinein. Der Korb war wie ein kleines Boot.

»Ich hoffe, dass dich jemand findet«, flüsterte sie und streichelte Moses Wange. Dann schubste sie das Schilfkörbchen vorsichtig ins Wasser.

Es war ein warmer und sonniger Tag. Das kleine Boot schwamm wie eine Arche auf dem Wasser. Mirjam folgte ihm am Ufer, im Schilf versteckt. Sie hatte Angst, das Schilfboot könnte umkippen. Aber das tat es nicht. Stattdessen blieb es nach einer Weile im Ufersand stecken.

Zur selben Zeit ging Pharaos Tochter am Nilufer entlang. Sie wollte gerade baden, als sie plötzlich ein kleines Kind wimmern hörte.

Sie merkte, dass das Wimmern aus einem kleinen Schilfkorb kam, und entdeckte das Baby. Das einsame Kind tat ihr leid, und sie hob es aus dem Boot. Aber Mose schrie laut und immer noch lauter. Nichts half. »Du Armer, sicher hast du Hunger«, sagte Pharaos Tochter. Mirjam erkannte ihre Chance und verließ schnell ihr Schilfversteck. »Brauchst du vielleicht jemanden, der das Kind stillen kann? Ich kenne eine Mutter, die genug Milch in ihrer Brust hat.«

»Ja, genau. Ich brauche eine Amme«, sagte Pharaos Tochter. »Hol sie ganz schnell!«

Und so kam es, dass Mose überlebte und dass seine Mutter seine Amme wurde und ihn im Palast des Pharaos aufzog. Als Mose älter wurde, adoptierte Pharaos Tochter ihn. Und so wurde aus Mose ein ägyptischer Prinz.

Mose wuchs am Königshof auf, aber er vergaß nie, woher er kam. Seine Leute, die jetzt das Volk Israel genannt wurden, waren zu Pharaos Sklaven geworden. Als Sklave musste man sehr schwere Arbeit leisten. Der Pharao bestimmte über das gesamte Leben seiner Sklaven, und sie waren gezwungen, in der Hitze zu schuften.

Eines Tages sah Mose, wie ein Soldat einen Sklaven schlug.

»Du fauler Hund!«, schrie der Soldat. Er schlug auf den Sklaven ein und hörte auch nicht auf zu schlagen, als der Sklave schon auf dem Boden lag.

Mose stand da, als wäre er versteinert. Warum hielt niemand den Soldaten auf? Was konnte er selbst tun? Mose sah sich um. Als er merkte, dass die Sache niemanden kümmerte, versuchte er einzugreifen. Er hatte es nicht gewollt, aber er schlug dabei den Soldaten tot.

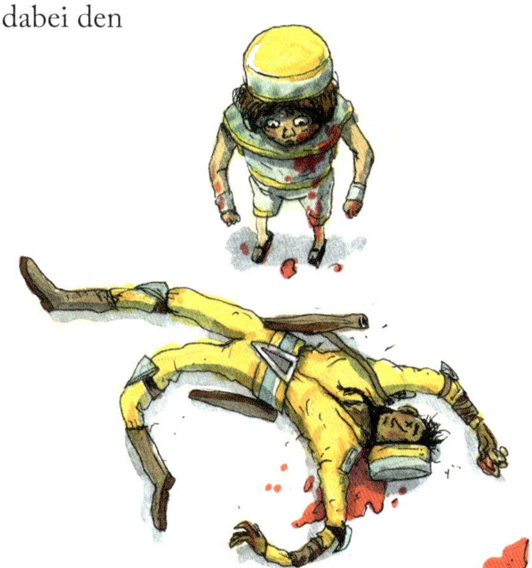

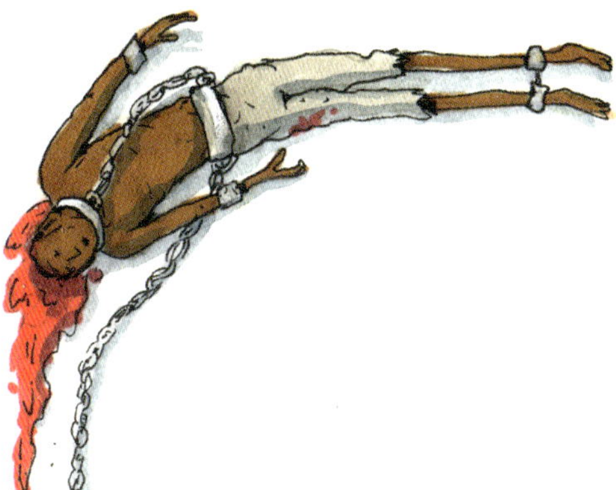

Als der Pharao erfuhr, was passiert war, wurde er rasend vor Wut und befahl, dass Mose auch getötet werden sollte. Mose musste fliehen.

Er war ein Prinz an Pharaos Hof gewesen. Jetzt hatte er einen Soldaten umgebracht.

Mose lief fort und versteckte sich weit draußen in der Wüste.

MOSE UND DER BRENNENDE BUSCH

In der Wüste konnte Pharao Mose nicht finden, und deshalb blieb er dort viele Jahre. Er hütete Schafe, lernte neue Freunde kennen, heiratete eine junge Frau mit Namen Zippora und gründete eine eigene Familie. Eines Tages, als er mit seinen Schafen draußen in der Wüste war, beobachtete er etwas Seltsames.

Ein Dornbusch brannte. Mose blieb mit etwas Abstand stehen. Erstaunlich! Obwohl der Busch immer weiter brannte, brannte er nicht ganz nieder.

Plötzlich hörte Mose eine Stimme aus dem Busch. Es war Gott, der zu ihm sprach. »Zieh deine Schuhe aus, Mose! Der Ort, an dem du stehst, ist ein heiliger Ort.«

»Ich bin Gott. Ich bin der, der die ganze Welt geschaffen hat. Ohne mich gäbe es nichts von allem, was es gibt. Höre auf mich.«

Mose bekam große Angst, aber er rannte nicht weg, sondern kniete sich nieder. Die Stimme sprach weiter zu ihm: »Mose, ich will, dass du zum Pharao gehst. Sag ihm, dass er mein Volk freilassen soll.«

Oh weh!, dachte Mose. Wie soll das gehen? Der Pharao wird unendlich wütend werden, sobald er mich sieht. Was soll ich dann tun? Außerdem fällt es mir schwer, vor anderen Menschen zu reden. Und überhaupt bin ich ja gar nicht irgendjemand Besonderes …

Aber Gott beruhigte Mose. »Mach dir keine Sorgen, Mose«, sagte er. »Ich werde bei dir sein. Ich werde immer bei dir sein.«

Wenn einer sagt: Ich mag dich, du

La la la la la …

2. Wenn einer sagt: »Ich brauch dich, du;
ich schaff es nicht allein«,
dann kribbelt es in meinem Bauch,
ich fühl mich nicht mehr klein.

3. Wenn einer sagt: »Komm, geh mit mir,
zusammen sind wir was«,
dann werd ich rot, weil ich mich freu,
dann macht das Leben Spaß.

4. Gott sagt zu dir: »Ich hab dich lieb. Ich
wär so gern dein Freund!
Und das, was du allein nicht schaffst,
das schaffen wir vereint.«

KINDERMUTMACHLIED
T UND M: ANDREAS EBERT

GOTT, PHARAO UND DIE ZEHN PLAGEN

Mose verließ die Wüste und ging zurück zum Pharao. Aber der Pharao weigerte sich, die Sklaven freizulassen.

»Ich soll die Sklaven freilassen? Nur weil dein Gott aus einem brennenden Dornbusch gesprochen hat? Das ist doch albern! Geh zurück, dann siehst du, dass der Busch inzwischen niedergebrannt ist. Du Mörder!«

Mose sah den Pharao fest an und sagte: »Gott hat gesagt: Wenn du das Volk nicht ziehen lässt, dann wird sich das Wasser des Nil in Blut verwandeln.«

Und Mose schlug mit seinem Stab auf das Wasser des Nil, und es wurde rot wie Blut. Aber der Pharao lenkte nicht ein.

Sieben Tage später kam Mose wieder zum Pharao.

»So spricht Gott: Wenn du mein Volk nicht freilässt, wird dein Land von einer Froschplage heimgesucht.«

Eine Unmasse an Fröschen überfiel das Land. Aber der Pharao lenkte nicht ein. Und noch siebenmal kam Mose zum Pharao.

Aber egal, von welcher Plage Ägypten heimgesucht wurde: Der Pharao weigerte sich, die Sklaven freizulassen.

Da sagte Gott zu Mose: »Ich weiß, welche Plage den Pharao dazu bringen wird, euch freizulassen … Das ist die zehnte Plage.«

Mose erschrak, aber er ging zum Pharao und sagte: »Wenn du mein Volk nicht freilässt, wird Gott alle Erstgeborenen in Ägypten töten. Angefangen von deinem eigenen erstgeborenen Sohn bis zu allen Erstgeborenen der Ägypter.« Aber der Pharao blieb hart. Er weigerte sich, die Sklaven freizulassen.

Mose sagte zu seinem Volk: »Schlachtet ein Lamm, und bestreicht eure Türen mit seinem Blut. Denn heute Nacht kommt der Todesengel. Aber wenn er an einem Türrahmen das Blut eines Lammes sieht, wird er vorbeigehen.«

Gegen Mitternacht kam der Todesengel. Der erstgeborene Sohn des Pharaos und alle erstgeborenen Söhne der Ägypter starben. In ganz Ägypten war Klagegeschrei zu hören, denn es gab kein einziges Haus, in dem nicht jemand gestorben war. Doch in den Häusern, in denen die Türrahmen mit dem Blut eines Lammes bestrichen waren, durften alle am Leben bleiben.

DER AUSZUG AUS ÄGYPTEN

Der Pharao rief Mose zu sich und sagte ihm: »Geht fort! Haut endlich ab!« Und so konnte das Volk Israel aus Ägypten fortziehen, wo sie mehrere hundert Jahre Sklaven gewesen waren. Es war das erste Passafest, und dieses Fest wird bis heute gefeiert, um an die Befreiung zu erinnern. Und um nicht zu vergessen, dass der Todesengel an den Häusern der Israeliten vorüberging.

Das Wort »passa« bedeutet übrigens »vorübergehen«.
In vielen Sprachen klingt »Ostern« deshalb so ähnlich wie »Passa«.
Auf Italienisch heißt es zum Beispiel »Pasqua«, auf Französisch »Pâques« und auf Schwedisch »påsk«.

Da teilte sich das Rote Meer, sodass ein Streifen trockenes Land sichtbar wurde, über den das Volk gehen konnte. Rechts und links von ihnen stand das Wasser wie eine Wand. Sobald sie auf der anderen Seite angekommen waren, strömte das Wasser zurück.
Der Pharao und seine Soldaten waren ihnen nachgejagt, und nun schlossen sich die Wasserwände über ihm und seinem Heer.

Doch kaum hatte der Pharao das Volk ziehen lassen, da bereute er es auch schon. »Was habe ich bloß getan?«, sagte er. Er rief seine Armee zusammen und befahl ihr, dem Volk Israel nachzujagen. Die Israeliten waren gerade am Ufer des Roten Meeres angekommen. Als sie sahen, dass Pharao und seine Soldaten sich ihnen näherten, fürchteten sie um ihr Leben.

Aber Mose sagte: »Habt keine Angst! Gott ist mit uns.«

Gott befahl Mose: »Heb' deinen Stab!«

Und Mose hob seinen Stab in die Höhe.

Das Volk der Israeliten war frei.

Zum ersten Mal seit vielen, vielen Jahren konnten sie eine Pause machen, sie konnten sich in den Schatten setzen, wenn die Sonne zu sehr brannte, oder lachen, ohne dass ein Aufseher sie anschrie, dass sie weiterarbeiten sollten.

Mirjam, Moses Schwester, nahm ein Tamburin und begann, gemeinsam mit allen Frauen zu singen und zu tanzen.

Du verwandelst meine Trauer

T UND KANON FÜR 2 STIMMEN: BERND SCHLAUDT UND GRUPPE LITURGIE 1985

GOTTES ZEHN GEBOTE

Vierzig Tage, nachdem das Volk Israel Ägypten verlassen hatte, kamen sie an den Berg Sinai. Und Mose stieg hinauf auf den Berg. Nachdem er drei Tage auf dem Berg gewesen war, begann es plötzlich zu donnern und zu blitzen. Die Erde begann zu schwanken wie bei einem Erdbeben. Ein dichter Nebel umhüllte den Berg, und eine donnernde Stimme war zu hören. Alle fürchteten sich. Es war Gott, der mit Mose sprach.

»Ich will, dass wir eine Abmachung schließen. Dies hier ist unser Bund: Ich gebe euch zehn Regeln, und wenn ihr die einhaltet, könnt ihr sicher sein, dass ihr so zusammenlebt, wie ich mir wünsche, dass ihr zusammenlebt und wie es gut für euch ist.«

Und Gott gab Mose die Zehn Gebote, so etwas wie zehn Gesetze.

Die Zehn Gebote waren auf zwei Steintafeln geschrieben. Gott sagte: »Ihr seid mein Volk, und ihr zeigt, dass ihr mein Volk seid, indem ihr die Gebote haltet, die ich euch gegeben habe.«

1. DU SOLLST KEINE ANDEREN GÖTTER NEBEN MIR HABEN. NUR MICH SOLLST DU ANBETEN.

2. VERWENDE GOTTES NAMEN NICHT AUF FALSCHE WEISE.

3. ACHTE DARAUF, ZU RUHEN. EIN TAG IN DER WOCHE SOLL RUHETAG SEIN. SECHS TAGE KANNST DU ARBEITEN, ABER AM SIEBTEN SOLLST DU DICH AUSRUHEN.

4. LIEBE DEINE MUTTER UND DEINEN VATER, UND KÜMMERE DICH UM SIE, WENN SIE ALT WERDEN.

5. DU SOLLST NICHT TÖTEN.

6. DU SOLLST NICHT UNTREU SEIN.

7. DU SOLLST NICHT STEHLEN.

8. DU SOLLST NICHT LÜGEN.

9. SEI NICHT NEIDISCH AUF ANDERE. DANKE GOTT FÜR DEINE FREUNDE UND NACHBARN.

10. SEI NICHT NEIDISCH AUF DAS, WAS DEINE FREUNDE UND NACHBARN HABEN.

NAOMI UND RUT

Die Zeit verging, und Gottes Volk verteilte sich über viele Länder der Welt. In einem Land, das Moab hieß, lebte Naomi. Sie war unglücklich. Dabei war kurz zuvor alles noch so schön gewesen. Sie hatte mit ihrem Mann in einem Haus gewohnt, und oft hatten sie sich mit ihren beiden Söhnen und deren Frauen getroffen. Aber dann hatte Naomi ein dreifaches Unglück getroffen: Erst starb ihr Mann, dann starben ihre beiden Söhne.

Naomi saß in der Küche und seufzte. Vor vielen Jahren waren sie und ihr Mann in dieses Land gekommen und hatten dieses Haus gebaut. Sie waren damals vor einer Hungersnot geflohen, und hier in Moab war es ihnen dann gut gegangen. Aber jetzt wusste sie nicht, was sie tun sollte.

›Wie soll ich hier in Moab ganz allein zurechtkommen?‹, fragte sie sich. Meine Familie und meine Freunde leben ja in Betlehem. Betlehem … Als sie an ihre alte Heimat dachte, wurde es ihr warm ums Herz. Und sie dachte: ›Ja, am besten kehre ich zurück.‹

Als Naomi ihre Entscheidung gefällt hatte, ging sie zu ihren Schwiegertöchtern, um sich von ihnen zu verabschieden. Die beiden hießen Orpa und Rut. Als sie hörten, dass Naomi Moab verlassen und nach Betlehem zurückgehen wollte, machten sie sich Sorgen.

»Du bist ganz allein. Das ist doch so eine lange Reise, wie willst du das schaffen?«

»Ich komme mit dir«, sagte Rut entschlossen.

Naomi schüttelte den Kopf. »Nein, Rut. Du gehörst doch zu einem anderen Volk, und du betest zu einem anderen Gott als ich. Bleib du hier. Hier ist deine Zukunft.«

Aber Rut antwortete: »Bitte zwinge mich nicht, dich zu verlassen! Wo du hingehst, da gehe ich auch hin, und wo du bleibst, da bleibe ich auch. Dein Volk ist mein Volk, und dein Gott ist mein Gott. Wo du stirbst, will ich auch sterben, und dort will ich auch begraben werden.«

Naomi konnte es kaum glauben, dass Rut sich so um sie kümmern wollte!

Und so wanderten Rut und Naomi gemeinsam bis nach Betlehem. Dort zogen sie in ein kleines Haus. Aber wie sollten die beiden Frauen an Geld kommen, um sich Essen zu kaufen? Sie besaßen ja nichts.

Rut besuchte einen Verwandten von Naomis verstorbenem Mann. Dieser Verwandte hieß Boas, und er besaß mehrere Äcker.

Rut fragte Boas: »Darf ich hinter denen hergehen, die auf deinem Acker die Ernte einbringen, und aufheben, was zu Boden fällt?«

Boas sah sie an. »Selbstverständlich«, sagte er. »Und wenn du Durst hast, kannst du Wasser aus den Krügen trinken, die dort bereitstehen. Wir laden dich auch ein, mit uns in der Mittagspause zu essen. Wir werden uns um dich kümmern.«

Rut fiel vor ihm auf die Erde uns sagte: »Danke! Aber warum bist du so freundlich zu mir? Ich bin ja eine Fremde und komme aus einem anderen Land.«

»Ich habe gehört, was man sich von dir erzählt«, sagte Boas. »Ich habe gehört, dass du dich um Naomi kümmerst. Du hast so gehandelt, wie Gott es von uns möchte.«

Jeden Tag ging Rut nun zu Boas' Hof. Und so hatten sie und Naomi alles, was sie zum Leben brauchten.

Die Zeit verging, und Rut und Boas wurden immer bessere Freunde. Naomi merkte, dass Boas sich in Rut verliebt hatte. Das machte sie unglaublich froh! Wenn irgendjemand es verdient hatte, glücklich zu werden, dann war es Rut.

Nach einiger Zeit heirateten Boas und Rut, und sie bekamen einen Sohn, dem sie den Namen Obed gaben.

Ich bitte dich, Gott, führe mich,
sieh stets auf mich und steh mir bei,
und rufst du mich, so höre ich
und schon sind wir zusammen zwei.
Ich will nicht denken nur an mich,
mein Herz ist groß und frei.
Den Freund, die Freundin suche ich,
mit dir sind wir dann drei.

ERWIN GROSCHE

DAVID UND GOLIAT

Jahre vergingen. Obed, der Sohn von Rut und Boas, bekam selbst Kinder und Enkel, und eines seiner Enkelkinder hieß David.

David war ein Schafhirte, aber viele Männer im Land waren Soldaten. Es herrschte Krieg, und die Armee der Feinde wurde von einem Riesen mit Namen Goliat angeführt.

Goliat war mehr als drei Meter groß und ein tapferer Krieger. Jeden Tag forderte er die Soldaten Israels heraus: »Kommt und kämpft gegen mich, wenn ihr euch traut!« Aber keiner wagte es.

Mit David hatte das alles nichts zu tun. Er war ja noch ein Kind, der Jüngste von seinen Brüdern, und er musste die Schafe hüten.

Aber eines Tages, als David seinen Brüdern, die Soldaten waren, etwas zu essen brachte, hörte er, wie Goliat schrie.

»Ha, ha! Niemand in Israel nimmt es mit mir auf! Feiglinge seid ihr, alle zusammen!«

Grässliche Typen wie Goliat hat es schon immer gegeben, aber als David hörte, wie Goliat lachte, reichte es ihm. Irgendjemand muss Goliat stoppen, dachte er.

David ging also zum König und sagte: »Lass mich gegen Goliat kämpfen!«

Der König war erst einmal dagegen. Ein kleiner Junge? Wie sollte der Goliat entgegentreten? Aber da war niemand anderer, der es gewagt hätte. Und irgendwie spürte der König, dass Gott mit David war. Und Gott war größer und mächtiger als Goliat.

Der König zog David eine Rüstung an, setzte ihm seinen Helm auf, gab ihm ein Schild und ein Schwert. Aber da sagte David:

»Nein, mit den schweren Sachen kann ich nicht laufen. Dafür bin ich zu klein. Ich habe auch noch nie mit Waffen gekämpft.« Und er zog die Rüstung wieder aus. Stattdessen nahm er eine Schleuder und fünf glatte Steine.

Mit der Schleuder in der Hand ging er auf Goliat zu. Goliat schnaubte: »Ist das hier der Stärkste, den ihr aufzubieten habt? Eine Rotznase! Komm her, Kleiner, dann reiße ich dich in Stücke und verfüttere dich an die wilden Tiere!«

Da sagte David: »Du kommst zu mir mit Schwert, Spieß und Streitaxt. Ich komme zu dir mit Gott an meiner Seite.«
Dann lief David mit schnellen Schritten auf Goliat zu. Er nahm einen Stein aus seinem Beutel, legte ihn in seine Schleuder, ließ die Schleuder kreisen und den Stein durch die Luft sausen.

Er traf Goliat mitten auf der Stirn, und Goliat fiel zu Boden.
Da lief David schnell herbei, nahm Goliats Schwert und schlug ihm damit den Kopf ab. Als Goliats Soldaten sahen, dass dieser tot war, bekamen sie große Angst und liefen weg.

So besiegte David Goliat. Und David wurde später einer der mächtigsten Könige in Israel.

David schrieb viele Gedichte und Gebete, wenn er draußen saß und die Schafe hütete. Eins der Gebete erzählt davon, wie Gott sich um jeden von uns kümmert:

EIN PSALM DAVIDS

Der Herr ist mein Hirt;
darum leide ich keine Not.
Er bringt mich auf saftige Weiden,
lässt mich ruhen am frischen Wasser
und gibt mir neue Kraft.
Auf sicheren Wegen leitet er mich,
dafür bürgt er mit seinem Namen.
Und muss ich auch durchs finstere Tal –
ich fürchte kein Unheil!
Du, Herr, bist ja bei mir;
du schützt mich und du führst mich,
das macht mir Mut.
Vor den Augen meiner Feinde
deckst du mir deinen Tisch;
festlich nimmst du mich bei dir auf
und füllst mir den Becher randvoll.
Deine Güte und Liebe umgeben mich
an jedem neuen Tag;
in deinem Haus darf ich nun bleiben
mein Leben lang.

PSALM 23

Die Jahre vergingen. Das Volk wartete darauf, dass Gott einen neuen König senden würde, einen so guten König, wie David einer gewesen war. Man nannte den, auf den man wartete, den Messias; aber es schien, als würde er niemals kommen.

Bis zu dem Tag, als Jesus zwölf Jahre alt war und mit Josef und Maria zum Tempel zog, um das Passafest zu feiern. Da geschah nämlich etwas sehr Seltsames. Und das ist eine eigene Geschichte …

DER ZWÖLFJÄHRIGE JESUS IM TEMPEL

Josef, Maria und Jesus hatten gerade das Passafest in Jerusalem gefeiert. Sie hatten gegessen, gesungen und den Geschichten vom ersten Passafest gelauscht, als Gott sein Volk aus der Sklaverei in Ägypten befreit hatte.

Viele, viele Menschen hatten sich nach Jerusalem begeben, um gemeinsam zu feiern. Auch alle Nachbarn und Freunde von Jesus waren dabei. Als es Zeit wurde, nach Hause zu gehen, zurück nach Galiläa, wo sie wohnten, konnten Josef und Maria Jesus nicht finden.

»Er wollte nicht auf uns warten. Er ist sicher schon mit den anderen losgelaufen«, sagte Josef und zeigte auf eine Gruppe von Leuten aus Galiläa, die schon ein Stück weiter vorne war.

Josef und Maria machten sich also auch auf den Weg, und sie waren sich sicher, dass Jesus irgendwo in der großen Reisegesellschaft dabei war. Aber nachdem sie einige Stunden gegangen waren und ihn immer noch nicht gesehen hatten, machten sie sich Sorgen und gingen nach Jerusalem zurück. Wohin war er nur gegangen? Sie suchten überall, wo sie in den letzten Tagen gewesen waren, aber sie fanden keine Spur von ihm.

Sie suchten drei Tage lang – drei Tage! –, bis sie ihn endlich fanden.

Mitten im Tempel, mitten zwischen den Lehrern, saß er, ein zwölfjähriger Junge, der sofort auffiel. Da saß er, unterhielt sich und antwortete auf Fragen. Alle, die ihm zuhörten, wunderten sich, welche guten Antworten er gab. Und wie genau er die Geschichten der Bibel kannte, die Josef und Maria jeden Abend erzählt hatten.

Maria lief auf ihn zu und begann, ihn auszuschimpfen.

»Wie kannst du uns das antun? Wir haben uns schreckliche Sorgen gemacht!«

Aber Jesus antwortete: »Warum habt ihr mich gesucht? Wusstet ihr nicht, dass ich bei meinem Vater, bei Gott, sein muss?«

Maria und Josef wussten nicht, was sie dazu sagen sollten. Aber Jesus stand auf und ging mit ihnen zurück nach Hause. Niemals würde Maria seine Worte vergessen. Alles, was geschehen war, bewahrte sie in ihrem Herzen.

JESUS WIRD GETAUFT

Jesus hatte einen Cousin, der Johannes hieß, aber immer Johannes der Täufer genannt wurde. Jesus war sehr beeindruckt von seinem Cousin und bewunderte ihn.
Johannes hatte sich als sein Zuhause eine Höhle nah am Jordan gewählt. Da wohnte er ganz allein und konnte tun und lassen, was er wollte. Viele hielten Johannes für ein bisschen verrückt. Er trug Kleider aus Kamelhaar und aß Heuschrecken mit Honig. Aber es kamen auch viele Menschen ans Ufer des Jordans, um auf das zu hören, was Johannes zu sagen hatte. Denn er sagte Dinge, die man unbedingt hören musste.

»Denkt nicht wie alle anderen. Denkt anders! Gottes Reich ist schon bald hier.«

Und dann taufte er seine Zuhörer im Wasser des Jordans. Wer getauft wurde, war rein. Nicht nur am Körper, sondern innerlich, meinte Johannes. Denn wer sich taufen ließ, wollte anders leben und denken, so wie Johannes es gesagt hatte.

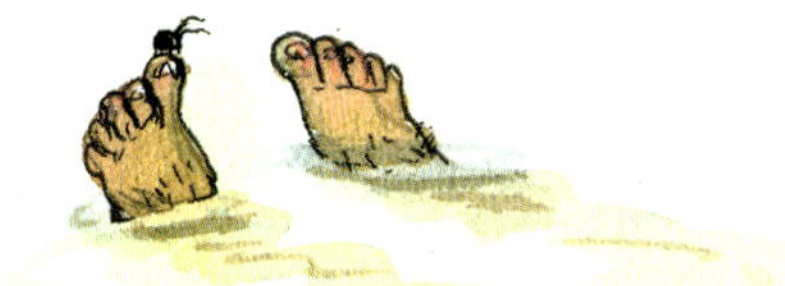

Eines Tages kam auch Jesus zu Johannes, um sich taufen zu lassen. Und als Johannes Jesus taufte, geschah etwas Merkwürdiges: Der Himmel öffnete sich, und Gottes Geist kam auf Jesus herab wie eine Taube. Und man konnte vom Himmel eine Stimme hören, die sagte:

»Dies ist mein geliebter Sohn. Er ist der Auserwählte!«

Von diesem Tag an begann Jesus, von Gottes Reich zu erzählen, genau wie sein Cousin. Jesus sagte: »Denkt anders! Gottes Reich ist schon bald hier!«

Er sagte auch:
»Alles, wovon ihr wollt, dass andere es für euch tun, das tut auch für sie. Andere sagen: Wenn jemand dich schlägt, dann schlag zurück, nur noch heftiger. Aber ich sage: Wenn jemand dich auf die rechte Wange schlägt, dann halte ihm auch noch die linke Wange hin. Liebe deinen Nächsten wie dich selbst.«

Jesus wurde von Johannes im Wasser des Jordan getauft. Heute wird man normalerweise in einer Kirche getauft. Dabei singt man oft dieses Lied:

Ja, Gott hat alle Kinder lieb

T UND M: MARGRET BIRKENFELD

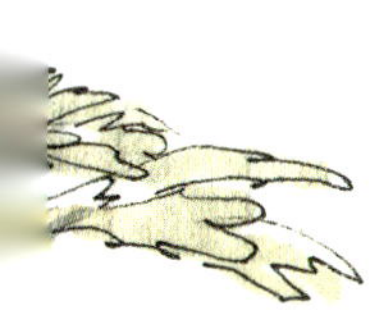

JESUS BERUFT SEINE FREUNDE

Als Jesus nach Galiläa zurückgekommen war, wo er wohnte, ging er am Ufer des Sees Genezareth entlang. Es war früh am Morgen und die Sonne ging gerade auf. Da sah er zwei Brüder am Ufer, die mit ihren Fischernetzen beschäftigt waren. Es waren Petrus und Andreas.

Jesus sagte zu ihnen: »Kommt und folgt mir! Ich will euch zu Menschenfischern machen.«

»Spricht er mit uns?«, fragte Andreas.
»Ja, er spricht mit uns«, sagte Petrus.
Und schon ließen sie ihre Netze liegen und folgten Jesus.

Ein wenig später kamen sie an zwei anderen Brüdern vorbei: Jakobus und Johannes. Die waren gerade dabei, gemeinsam mit ihrem Vater zu fischen. Als Jesus sie aufforderte, mit ihnen zu kommen, taten sie es.

Jesus forderte auch noch andere Menschen, die er traf, auf, alles zu verlassen und ihm zu folgen. Schon bald hatte er zwölf Freunde, die mit ihm gingen und auf das hörten, was er von Gottes Reich zu erzählen hatte.
Er sagte: »Ich bin das Licht der Welt. Wer mir folgt, wird nicht mehr in der Finsternis umherirren, sondern das Licht des Lebens haben.«

Jesus zeigte seinen Freunden auch, wie man zu Gott beten kann.
Dies ist das Gebet, das er sie lehrte:

Vater unser im Himmel!
Geheiligt werde dein Name.
Dein Reich komme.
Dein Wille geschehe wie im Himmel so auf Erden.
Unser tägliches Brot gib uns heute.
Und vergib uns unsere Schuld,
wie auch wir vergeben unseren Schuldigern.
Und führe uns nicht in Versuchung,
sondern erlöse uns von dem Bösen.
Denn dein ist das Reich und die Kraft
und die Herrlichkeit in Ewigkeit.

Amen.

JESUS UND DIE KINDER

Jesus zog mit seinen zwölf Freunden durch das ganze Land und erzählte von Gottes Reich. Egal, wo sie hinkamen – überall gab es viele Menschen, die Jesus zuhören wollten. Sogar Kinder waren neugierig geworden, und viele Mütter kamen mit ihren Kindern zu Jesus, um sie segnen zu lassen.

Die Freunde fanden, dass die Kinder nur störten, und versuchten, sie zu verscheuchen. Aber da wurde Jesus wütend. Das passierte nicht oft, jetzt aber ging er zu seinen Freunden und schimpfte heftig mit ihnen.

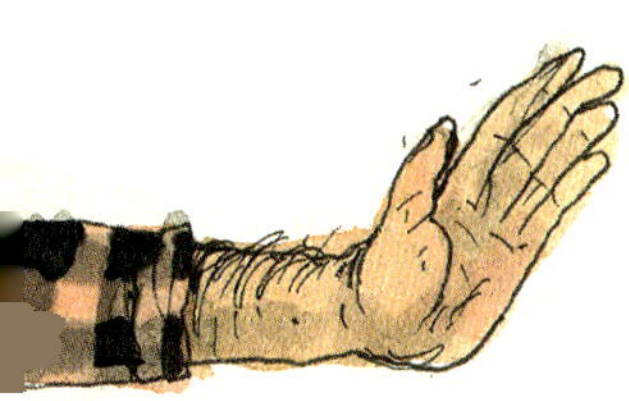

»Lasst die Kinder zu mir kommen, und haltet sie nicht davon ab! Gottes Reich gehört nämlich Menschen wie ihnen. Kinder sind ehrlich und sagen, was sie denken. Sie sorgen sich nicht um Geld und Besitz … In Gottes Reich ist das auch so. Deshalb: Lasst die Kinder zu mir kommen!«

Dann nahm er Kinder in den Arm und segnete sie.

Ein Mann, der das alles mitangesehen und mitangehört hatte, fiel auf die Knie und fragte: »Meister, was muss ich tun, um das ewige Leben zu bekommen?«
Jesus antwortete: »Du kennst doch die Zehn Gebote, die Gott gegeben hat. Folge ihnen.«
Der Mann antwortete: »Das tue ich schon, seit ich ein Kind bin.«
»Dann fehlt dir nur eine Sache«, sagte Jesus. »Verkaufe alles, was du hast, und gib es den Armen. Dann wirst du einen Schatz im Himmel haben. Und dann komm und folge mir.«

Aber das war gar nicht so einfach für den Mann. Er war nämlich sehr reich, und sein Besitz war ihm wichtig. Traurig ging er fort.
Jesus sah seine Freunde an und sagte:
»Seht nur, wie schwierig es für jemanden ist, der viel Geld hat, in Gottes Reich zu kommen.«

Die Freunde fragten: »Wer kann dann überhaupt in Gottes Reich kommen?«
Jesus sagte: »Für Menschen ist das unmöglich. Aber für Gott ist alles möglich.«

MARTA UND MARIA

Es war früh am Morgen im Dorf Bethanien. Der Hahn krähte, die Hühner flatterten herum, und die Dorfbewohner begannen mit ihrer Arbeit. Das Haus der drei Geschwister Marta, Maria und Lazarus war voller Menschen. Ihr Freund Jesus war gemeinsam mit seinen Freunden bei ihnen zu Besuch.
Es ging immer fröhlich zu, wenn Jesus und seine Freunde vorbeischauten. Aber es gab dann natürlich auch viel zu tun. Marta war rundum beschäftigt mit Kochen, Tischdecken, Aufräumen und – wenn alle wieder fort waren – Putzen. Jesus und seine Freunde hatten ihr noch nicht mal gesagt, wie lange sie dieses Mal eigentlich bleiben wollten.
Wie immer war das Haus auch wieder voller neugieriger Nachbarn, die Jesus hören wollten. Marta fühlte sich mehr und mehr gestresst. Warum packten die anderen nicht auch mal mit an? Und warum half Maria ihr eigentlich nicht?

»Maria!«, rief sie. »Maria, kannst du mir mal helfen?« Aber Maria saß bei Lazarus und den anderen und hörte Jesus zu. Jesus hatte ja immer so viel Spannendes und Wichtiges von Gottes Reich zu erzählen.

Am Ende hatte Marta genug und ging direkt auf Jesus zu. »Sag Maria doch mal, dass sie mir helfen soll. Siehst du nicht, dass ich jede Menge zu tun habe? Ist es dir denn egal, dass Maria mich mit der ganzen Arbeit allein lässt?«

Aber Jesus antwortete: »Marta, Marta, du bist wegen so vieler Dinge in Sorge und Unruhe. Dabei ist nur eine Sache wirklich wichtig. Maria hat das Beste gewählt, und das soll ihr nicht weggenommen werden.«

Erschreckt nicht, habt keine Angst!
Vertraut auf Gott und vertraut auf mich!

JOHANNESEVANGELIUM 14,1

TALITA KUM!

Jesus und seine zwölf Freunde zogen durchs ganze Land und erzählten von Gott. Sie taten sogar Wunder.

Eines Tages kam ein Mann mit Namen Jairus zu Jesus. Jairus war verzweifelt. Er hatte zu Hause eine zwölfjährige Tochter, die schwer krank war. Sie war sein einziges Kind. Jairus warf sich vor Jesus auf den Boden und flehte:

»Jesus, meine Tochter wird bald sterben. Bitte, hilf ihr!«
Er hatte diese Sätze gerade gesagt, da bekam er eine Nachricht von zu Hause: »Deine Tochter ist tot. Du musst Jesus mit der Sache nicht mehr belästigen.« Jairus brach in Tränen aus und konnte gar nicht mehr aufhören zu weinen.

Aber Jesus sagte: »Weine nicht, Jairus! Glaube, dann wird dir geholfen.«

Dann ging Jesus mit Jairus in dessen Haus. Dort hatten sich schon Verwandte, Nachbarn und Freunde versammelt, um gemeinsam zu trauern.

Jesus ging in das Zimmer, in dem das Mädchen lag, setzte sich auf ihr Bett und nahm ihre Hand.

Dann sagte er: »Talita kum!« (Jesus sprach nämlich eine Sprache, die Aramäisch heißt, und »Talita kum« bedeutet auf Aramäisch: »Steh auf, kleines Mädchen!«)

Und da öffnete das Mädchen die Augen und setzte sich auf. Jesus wandte sich zu den weinenden Menschen im Raum und sagte: »Gebt dem Mädchen etwas zu essen.« Alle, die das miterlebten, staunten über das, was Jesus tat.

Am allerglücklichsten war natürlich Jairus. Niemals würde er vergessen, was Jesus für seine Tochter getan hatte.

Gott hat die Menschen so sehr geliebt,
dass er seinen einzigen Sohn hergab.
Nun werden alle, die sich auf den Sohn
Gottes verlassen, nicht zugrunde gehen,
sondern ewig leben.

JOHANNESEVANGELIUM 3,16

DAS VERLORENE SCHAF

Oft kam es vor, dass Menschen Jesus eine Frage stellten. Manchmal antwortete er dann, indem er ihnen eine kleine Geschichte erzählte. Diese Geschichten nennt man Gleichnisse. Eines Tages erzählte er dieses Gleichnis:

Es war einmal ein Mann, der hatte hundert Schafe. Eines Tages lief eines seiner Schafe fort. Als der Mann am Abend seine Schafe zählte, merkte er, dass eines fehlte. Er machte sich große Sorgen, denn da draußen gab es Wölfe und andere wilde Tiere! Außerdem begann es gerade dunkel zu werden. Obwohl es jetzt auch für ihn selbst gefährlich wurde, machte er sich sofort auf und suchte nach dem Schaf.

Das kleine Schaf, das sich verlaufen hatte, war eine Böschung hinuntergefallen. Es fand keinen Halt und konnte sich nirgends hochziehen. Es blökte jämmerlich. Hier unten wird mich niemand finden, dachte das unglückliche Schaf.

Aber der Hirte hörte nicht auf zu suchen, bis er sein Schaf gefunden hatte. Er hob es auf und trug es auf seinen Schultern den langen Weg zurück nach Hause.

Gott handelt genauso, wollte Jesus damit sagen. Gott liebt uns, egal, wie klein wir sind. Und wenn wir verloren gehen, macht er sich auf die Suche. Denn Gott sorgt sich um uns, auch wenn wir das manchmal nicht spüren.

Er hält die ganze Welt in seiner Hand

2. Er hält das winzig kleine Baby in seiner Hand …
3. Er hält die Sonne und den Mond in seiner Hand …
4. Er hält auch dich und mich in seiner Hand …

T UND M: SPIRITUAL

DER VERLORENE SOHN

Jesus erzählte sehr gerne Gleichnisse. Mit Geschichten konnte er seinen Zuhörern am besten erklären, was er sagen wollte. Ein anderes Gleichnis, das Jesus erzählte, handelt vom verlorenen Sohn. Jesus erzählte:

Es war einmal ein Mann, der hatte zwei Söhne. Der jüngere von ihnen sagte zum Vater: »Gib mir den Teil des Erbes, der mir gehört.«

Da gab der Vater ihm die Hälfte von all seinem Besitz. Der Sohn verkaufte alles und zog fort in ein fremdes Land. Dort lebte er in Saus und Braus und gab sein ganzes Geld aus.

Als er alles Geld ausgegeben hatte, begann im Land eine Hungersnot. Jetzt blieb ihm nichts mehr zum Leben.

Er musste als Schweinehirt arbeiten. Bei der Arbeit litt er solchen Hunger, dass er sich wünschte, er dürfte sich etwas vom Schweinefutter nehmen, um es selbst zu essen. Aber das durfte er nicht. Da dachte er: »Wie viele Arbeiter auf dem Hof meines Vaters haben mehr als genug zu essen! Und ich sitze hier und leide Hunger. Ich gehe wieder nach Hause. Ich sage Papa, wie es ist: ›Ich habe falsch gehandelt. Ich habe gegen Gott gesündigt und gegen dich. Ich bin es nicht mehr wert, dein Sohn zu sein. Aber lass mich bitte ein einfacher Arbeiter auf deinem Hof sein.‹«

Und so machte er sich auf den Weg nach Hause.

Schon von Ferne konnte der Vater seinen Sohn erkennen. Er war so froh, ihn wiederzusehen, dass er ihm entgegenlief. Er umarmte und küsste ihn. Der Sohn sagte zu ihm: »Papa, ich habe gegen Gott gesündigt und gegen dich. Ich bin es nicht mehr wert, dein Sohn zu sein.« Aber der Vater rief einen Diener und sagte ihm: »Beeil dich und such das schönste von meinen Kleidern aus. Dann zieh es ihm an. Und bereite das allerbeste Essen vor. Heute Abend gibt es ein Fest! Mein Sohn war weg, jetzt ist er wieder da. Er war wie tot, jetzt ist er wieder bei uns.«

Der ältere Sohn hatte den ganzen Tag auf dem Feld gearbeitet. Müde und verschwitzt kam er von der Arbeit. Als er sich dem Haus näherte, hörte er Musik und Tanz. Er fragte einen der Diener, was los sei. Der Diener sagte: »Dein Bruder ist nach Hause gekommen, und dein Vater veranstaltet ein Fest, um zu feiern, dass er zurück ist.«

Da ärgerte der Bruder sich. Bei diesem Fest wollte er nicht mitmachen. Der Vater kam heraus, um mit ihm zu reden, aber der Sohn antwortete wütend: »Ich habe mich für dich krumm gemacht und all die Jahre geschuftet, aber für mich hast du nie ein Fest veranstaltet. Aber wenn der da nach Hause kommt«, sagte er und zeigte auf den jüngeren Bruder, »dann wird ein Fest gefeiert! Dabei hat er doch das ganze Geld verschleudert!«

Der Vater sah ihn an und sagte: »Mein Sohn, du bist immer bei mir, und was mir gehört, gehört auch dir. Aber jetzt feiern wir und freuen uns! Dein Bruder war wie tot und lebt wieder! Er war weg, und jetzt ist er wieder bei uns.«

DER BARMHERZIGE SAMARITER

Einmal kam ein Mann zu Jesus und fragte: »Meister, du sagst, dass wir unseren Nächsten lieben sollen wie uns selbst. Aber wer ist mein Nächster? Sind das nur die, die in unserem Land wohnen, oder alle Menschen?«

Da antwortete Jesus: »Es war einmal ein Mann, der reiste von Jerusalem nach Jericho. Unterwegs wurde er von Räubern überfallen. Sie rissen ihm die Kleider vom Leib, schlugen und traten ihn. Dann verschwanden sie und ließen ihn halbtot liegen.

Ein Priester kam bald darauf vorbei; aber als er den Mann entdeckte, tat er so, als hätte er ihn nicht gesehen, und ging weiter.

Etwas später kam ein anderer Priester an die Stelle, aber auch er beeilte sich vorbeizugehen. Doch dann sah ein Fremder, ein Reisender aus Samaria, den schwer verletzten Mann. Er hielt sofort an, versorgte die Wunden und legte Verbände an. Dann hob er den Mann auf seinen Esel und brachte ihn zum nächsten Gasthof.

›Kümmere dich um diesen Mann‹, sagte der Samariter zur Wirtin des Gasthofs. ›Gib ihm zu essen und pflege ihn, bis er wieder gesund ist. Ich bezahle es, egal, was es kostet.‹«

Jesus wandte sich an den Mann, der ihm die Frage gestellt hatte. »Was glaubst du: Wer von den dreien war für den überfallenen Mann der Nächste?«
»Der, der ihm Gutes getan hat«, sagte der Mann.
Da sagte Jesus: »Geh und mach du es genauso.«

Gott, gib mir die Gelassenheit, Dinge hinzunehmen, die ich nicht ändern kann, den Mut, Dinge zu ändern, die ich ändern kann, und die Weisheit, das eine vom anderen zu unterscheiden.

REINHOLD NIEBUHR

»WER VON EUCH OHNE SÜNDE IST …«

Eines Tages saß Jesus vor dem Tempel in Jerusalem und lehrte. Viele Menschen hatten sich um ihn versammelt, um zu hören, was er zu sagen hatte.

Plötzlich hörte man lautes Rufen und Schreien. Eine große Menschenmenge kam herbeigerannt, mittendrin eine Frau. Die schubsten einige nach vorn, bis sie vor Jesus stand.

»Meister, diese böse Frau ist auf frischer Tat ertappt worden, als sie mit einem Mann zusammen war, mit dem sie nicht verheiratet ist.«

»Sie hat gesündigt! Sie hat gegen unsere Gesetze verstoßen! Deshalb muss sie sterben. Sie muss gesteinigt werden. – Oder etwa nicht? Was sagst du dazu?«

Jesus bückte sich und schrieb mit dem Finger auf die Erde. Die Frau lag vor ihm und schluchzte. Jesus schwieg.

Aber die Leute, die die Frau vor Jesus gezerrt hatten, wurden ungeduldig. »Was sagst du denn dazu, Jesus? Sollen wir sie nun zu Tode steinigen? Oder was?«

Da blickte Jesus auf und sah jeden von ihnen an, einen nach dem anderen, schweigend. Dann sagte er: »Derjenige von euch, der frei von Sünde ist, der selbst nie etwas Falsches getan hat, der soll den ersten Stein auf sie werfen.«

Danach bückte er sich wieder und schrieb noch einmal mit dem Finger auf die Erde.

Als sie seine Antwort gehört hatten, wurde es still. Verstohlen blickten sie sich an. Dann gingen sie fort, einer nach dem anderen. Am Ende waren Jesus und die Frau allein. Jesus sah sie an und sagte: »Wo sind sie geblieben? War da keiner, der einen Stein geworfen hat?«

Sie antwortete: »Nein, niemand hat einen Stein geworfen.«

Jesus sagte: »Auch ich verurteile dich nicht. Geh und bemühe dich, keine Sünde mehr zu begehen.«

Volltreffer

2. mit deinen schönen Ohren ... hören ...
3. mit deinen krummen Beinen ... laufen ...
4. mit deinen beiden Händen ... helfen ...
5. mit deiner großen Nase ... riechen ...

T UND M: DANIEL KALLAUCH

EIN GELÄHMTER MANN IN KAPERNAUM

Eines Tages kam Jesus in ein Dorf, das Kapernaum hieß, um den Menschen von Gott zu erzählen. Die Menschen hatten weite Reisen unternommen, um hierherzukommen. Es ging nämlich ein Gerücht um: Jesus kann Kranke heilen.

Eine Gruppe von Freunden war tagelang unterwegs gewesen, um zu Jesus zu gelangen. Einer von ihnen war gelähmt und konnte nicht laufen. Jetzt hofften sie, dass Jesus ihm helfen würde.

Als sie zu dem Haus kamen, in dem sich Jesus und seine Freunde befanden, war es schon mehr als voll. Weil ihr Freund auf einer Trage lag, konnten sie sich unmöglich hineindrängen. Es waren einfach zu viele Leute im Haus.

»Was sollen wir tun?«

»Haben wir etwa den ganzen Weg umsonst gemacht?«

Einer von ihnen hatte eine Idee. Und schon begannen sie, auf das Dach zu klettern. Es war schwierig und anstrengend, die Trage auf das Dach zu hieven, aber am Ende gelang es ihnen. Einer von ihnen begann schon, ein Stück vom Dach abzudecken und ein Loch zu machen.

»Seid ihr bereit?«, fragte der Freund, der die Idee gehabt hatte.
Alle nickten mit ernster Miene.

Und so begannen sie, den Freund ganz langsam nach unten zu Jesus hinunterzulassen.

Als die Menschen im Haus sahen, dass eine Trage zu ihnen hinuntergelassen wurde, redeten alle durcheinander und drängten sich noch mehr.
Jesus schaute nach oben. Er war beeindruckt vom Glauben der Freunde und dass sie alles dafür taten, damit ihr Freund zu ihm kommen konnte.
Zum Mann auf der Trage sagte er: »Mein Freund, deine Sünden sind dir vergeben.«

Aber die Schriftgelehrten, also die Männer, die, wenn es um Gott und Bibel ging, immer ganz genau Bescheid wussten, dachten: »Das darf er nicht behaupten! Nur Gott kann Sünden vergeben.« – »Dieser unverschämte Mensch macht sich ja lustig über Gott!«

Jesus wusste, was sie dachten, und sagte: »Was, glaubt ihr, ist leichter: zu sagen: ›Deine Sünden sind dir vergeben‹ oder: ›Steh auf und geh‹? Damit ihr begreift, dass ich die Macht habe, Sünden zu vergeben, sage ich …« – und dabei wandte er sich dem Gelähmten zu – »Steh auf, nimm deine Trage und geh nach Hause!«

Und sofort stand der Mann auf, nahm seine Trage und ging. Alle, die dabei waren, staunten. Sie konnten kaum glauben, was sie da gerade gesehen hatten. Und auf dem Heimweg sagten sie zueinander: »Was wir heute erlebt haben, ist einfach unglaublich.«

Nur einige Männer waren nicht beeindruckt. Die Schriftgelehrten flüsterten einander zu: »Für wen hält der sich eigentlich?«

JESUS GEHT AUF DEM WASSER

Jesus brauchte Ruhe. Deshalb war er ganz allein auf einen Berg gegangen, um zu beten.

Seine Freunde wollten in dieser Zeit mit dem Boot ans andere Ufer des Sees fahren. Aber schon bald kam ein kräftiger Wind auf. Und als sie mitten auf dem See waren, war aus dem Wind ein Sturm geworden. Der war so stark, und die Wellen waren so hoch, dass das Boot beinahe umkippte. Die Freunde waren in Todesangst.

»Setzt euch alle ganz ruhig hin!«, rief Petrus.

Johannes und Andreas taten alles, was sie konnten, um das Segel zu retten. Der Sturm durfte es auf keinen Fall zerfetzen.

Plötzlich riss Thomas heftig an Andreas' Arm. »Ein Gespenst!«, rief er und zeigte auf irgendetwas da draußen. »Ein Gespenst!« Die Freunde starrten schreckensbleich auf den See.

Da kam jemand auf sie zu. Auf dem Wasser!

»Das ist unser Ende!«, rief Thomas.

Doch dann hörten sie durch den Sturm, wie Jesus zu ihnen sagte: »Beruhigt euch. Habt keine Angst! Ich bin es.«

Petrus stand auf. »Jesus, wenn du es wirklich bist, dann befiehl mir, über das Wasser zu dir zu kommen.«

»Ja, Petrus«, sagte Jesus. »Ich bin es. Komm!«

Die Freunde hielten die Luft an, als Petrus über die Bordwand kletterte und seine Füße auf das Wasser setzte. Es klappte! Er ging über das Wasser. Wie Jesus!

Petrus machte einen Schritt nach dem anderen auf dem Wasser. Vorsichtig, ganz vorsichtig. Aber als er anfing, sich umzuschauen, und sah, wie stark der Wind blies und wie hoch die Wellen um ihn her sich auftürmten, da bekam er Angst und begann unterzugehen.

»Hilfe! Rette mich! Jesus, hilf mir!«, schrie er voller Panik. Und schon streckte Jesus seine Hand aus und half ihm, ins Boot zurückzukommen. Genau in dem Moment, in dem Jesus aber ins Boot kletterte, legte sich der Sturm. Jesus sah Petrus an und sagte: »Warum hast du gezweifelt, Petrus?«

Petrus fiel vor Jesus auf die Knie und sagte: »Du bist wirklich Gottes Sohn!«

Fürchte dich nicht, ich stehe dir bei!
Hab keine Angst, ich bin dein Gott!
Ich mache dich stark, ich helfe dir,
ich schütze dich mit meiner siegreichen Hand!

JESAJA 41,10

Fünf Brote, zwei Fische und zwölf Körbe

Immer mehr Menschen wollten nun hören, was Jesus zu sagen hatte. Manche reisten von weither an, nur um ihn für einen kurzen Moment erleben zu können. Ihn, der so viele fantastische Dinge tat: Kranke heilen oder Tote auferwecken!

An einem Tag waren es besonders viele Menschen, die sich versammelt hatten. Sie hatten schon mehrere Tage gewartet, und jetzt waren sie hungrig.
Die Freunde sagten zu Jesus: »Sag ihnen, dass sie gehen und einkaufen sollen. Sie können ja nicht einfach hierbleiben und fast verhungern.«

Aber Jesus sagte: »Sie müssen nicht fortgehen. Wir können ihnen etwas zu essen geben.«

»Aber wir haben hier doch so gut wie nichts«, sagte Andreas. »Alles, was wir haben, sind fünf Brote und zwei Fische.« Er zeigte auf einen kleinen Jungen, der neben einem Korb mit Essen saß.

»Wie soll das für all die Leute reichen? Es sind ja so viele!«
Die Jünger zeigten auf die Menschenmenge.

»Bringt das Essen zu mir«, sagte Jesus. »Und sagt den Leuten, dass sie sich hinsetzen sollen.«

All die Menschen ließen sich im Gras nieder. Jesus nahm die fünf Brote, dankte Gott, brach das Brot und teilte es aus. Und es reichte für alle.

Genauso machte er es dann mit den zwei Fischen. Alle bekamen so viel, wie sie haben wollten.

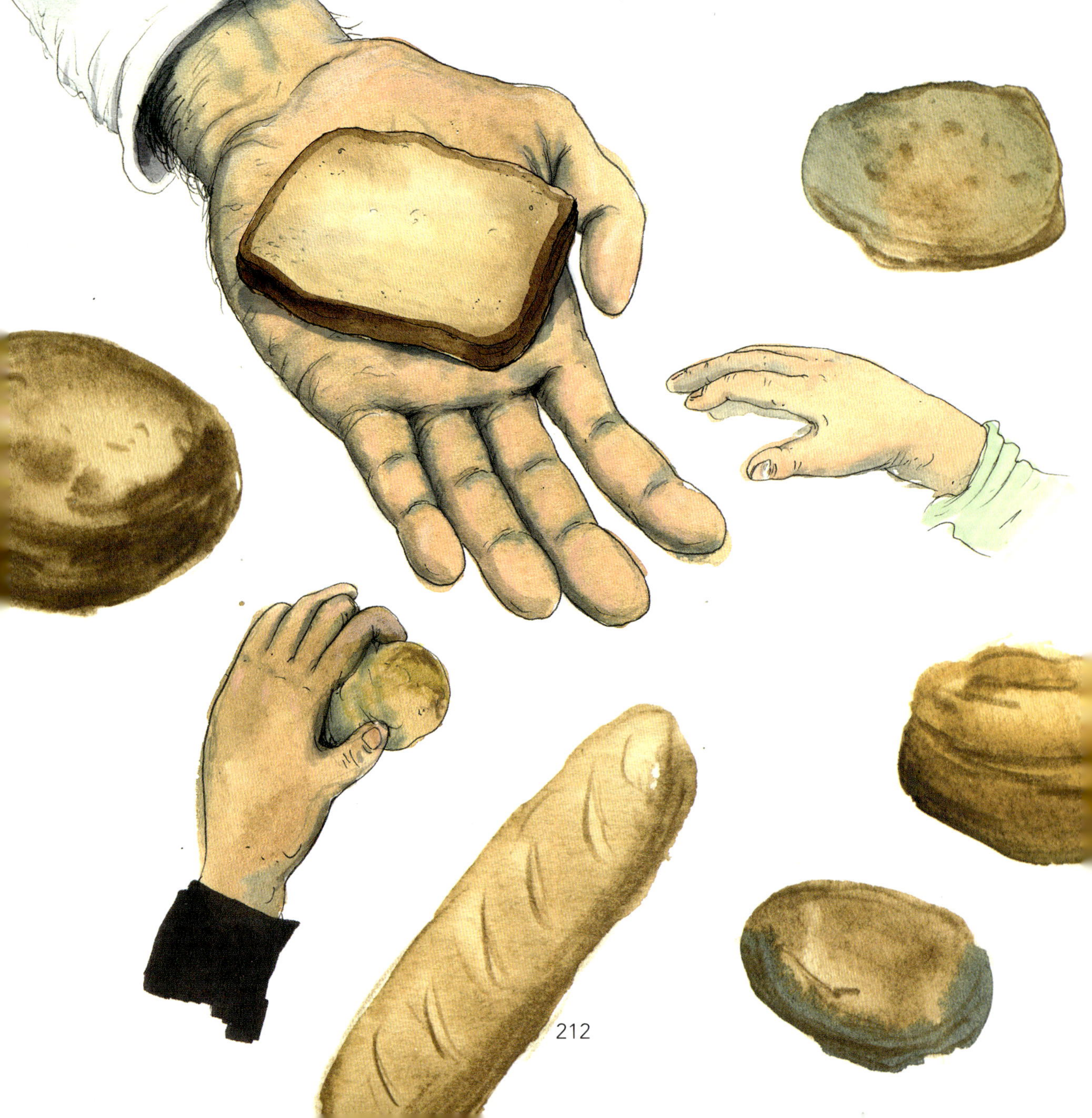

Als alle satt waren, wurde das eingesammelt, was übrig geblieben war. Die Reste füllten fünf volle Körbe!

Jesus sagte: »Gottes Brot ist das Brot, das vom Himmel herabkommt. Es gibt der Welt das Leben.«

Und die Leute sagten: »Der Mann muss unser neuer König werden!«

JESUS ZIEHT IN JERUSALEM EIN

Immer mehr Menschen begannen, davon zu reden, Jesus sollte König werden. Und die Feinde von Jesus reagierten immer wütender, eifersüchtiger und gereizter, wenn sie mit ihm zu tun hatten.

»Und der will Gottes Sohn sein?!«

»Wie kann er Sünden vergeben?« – »Jetzt ist er wirklich zu weit gegangen.«

»Was glaubt der eigentlich, wer er ist?«

Es war kurz vor dem Passafest, und deshalb waren Jesus und seine Freunde auf dem Weg nach Jerusalem. Um Passa zu feiern, sollte man nämlich am besten in Jerusalem sein.

Als sie sich der Stadt näherten, sagte Jesus zu zweien von seinen Freunden: »Geht in das Dorf da vorne. Dort werdet ihr zwei Esel finden. Nehmt sie und bringt sie her.«

Sie holten die Esel, legten ihre Mäntel auf die Esel, und Jesus setzte sich auf einen der zwei.

Als Jesus nach Jerusalem hineinritt, war die Stadt voller Menschen. Sie zogen Mäntel aus, rissen Zweige von den Bäumen und legten beides auf den Weg vor ihn. Dabei riefen und sangen sie:

»Gepriesen sei der Sohn Davids!«

»Gesegnet sei er, der im Namen des Herrn kommt!«

»Hosianna in der Höhe!«

Endlich war der König da. Ein König, so mächtig wie David, der den Riesen Goliat mit einem Stein erledigt hatte.

Ja, der König war da. Aber dieser hier war ein anderer König.

DAS LETZTE MAHL

Für den Abend hatten Jesus und seine Freunde alles vorbereitet, um das Passafest zu feiern. Es war ein guter und fröhlicher Tag gewesen, und jetzt wollten sie zusammen essen, genau so, wie es zu Beginn des Passafestes Brauch war.

Aber als das Fest beginnen sollte, war Jesus schweigsam und bedrückt. Er sah seine Freunde rund um den Tisch mit ernstem Blick an. Dann nahm er das Brot. Er dankte Gott, teilte das Brot und gab es den Jüngern. Dabei sagte er: »Das Brot ist mein Leib, der für euch gegeben wird. Tut das, um euch an mich zu erinnern.«

Dann nahm er einen Kelch. Er dankte Gott, gab ihn den Freunden und sagte: »Dieser Wein ist mein Blut. Mein Blut wird für viele Menschen vergossen, damit sie sehen können, wie Gott die Menschen liebt.
Wenn ihr davon trinkt, dann tut das, um euch an mich zu erinnern.«

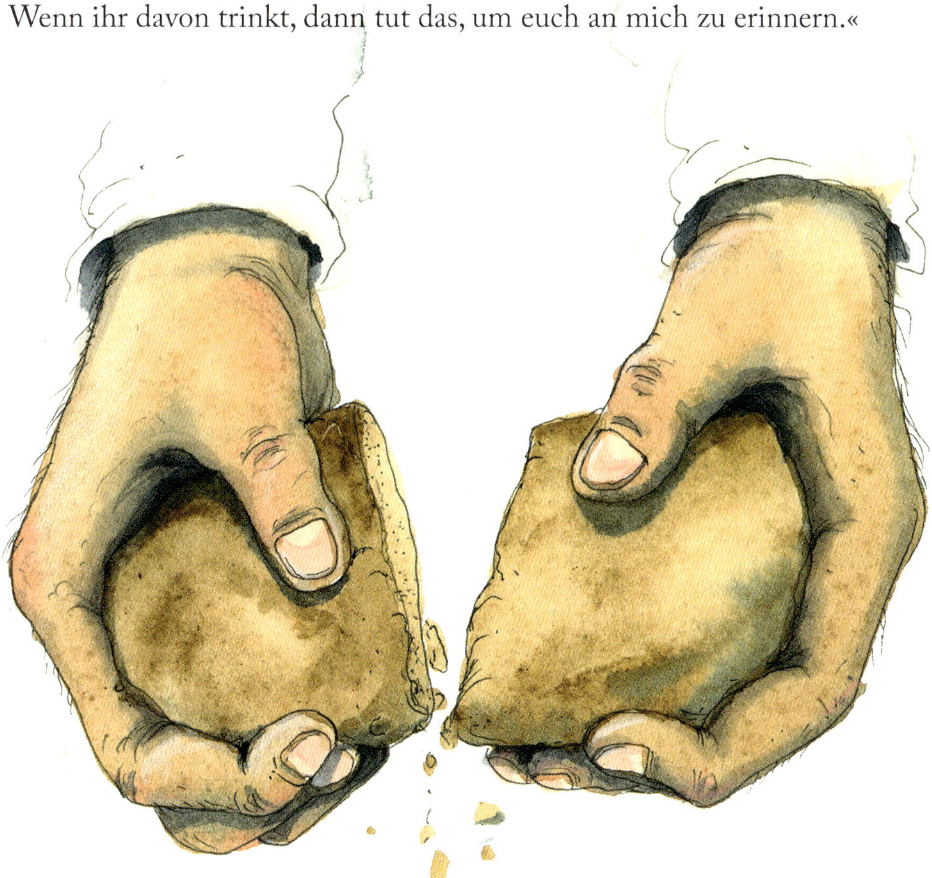

Den Freunden war es unangenehm, was Jesus sagte. Sie hatten ein paar Mal gehört, wie Jesus davon sprach, er müsse sterben, aber sie hatten nie verstanden, was er damit meinte.

Jesus sprach weiter. »Einer von euch, der heute Abend hier bei uns sitzt, wird mich verraten«, sagte er.

Die Freunde waren entsetzt und schauten einander ungläubig an.

»Ich bin das ja wohl nicht«, sagten sie.

Plötzlich stand Judas auf und ging fort. Und Jesus sagte, wie es nun weitergehen werde.
»Heute Nacht werdet ihr mich alle verlassen. Und ich werde getötet werden.«

Die Freunde protestierten.

»Nein, nein, nein!«, sagte Petrus. »Das geschieht niemals! Selbst wenn alle anderen dich verlassen – ich werde es nicht tun.«

Aber Jesus antwortete: »Ach, Petrus. Bevor der Hahn heute Nacht kräht, wirst du mich dreimal verleugnet haben. Aber vergiss nicht: Wenn ich von den Toten auferstanden sein werde, dann werden wir uns in Galiläa wiedersehen.«

GETHSEMANE

Jesus und seine Freunde verließen das Fest und gingen zum Garten Gethsemane. Die Sonne war untergegangen, und es war kalt und ungemütlich zwischen den Olivenbäumen.

Jesus war gleichzeitig unruhig und traurig. Er wusste, was auf ihn wartete, dass er getötet werden würde.

»Gott«, sagte er, »bitte erspare es mir, wenn es möglich ist. Aber nicht, was ich will, sondern was du willst, soll geschehen.«

Etwas entfernt stand eine Gruppe von Soldaten hinter einem Ölbaum versteckt. Bei ihnen war auch Judas. Er hatte darauf gewartet, dass Jesus und seine Freunde in den Garten kamen.

Judas sagte zu den Soldaten: »Der, den ich gleich küsse, ist es.« Plötzlich waren überall Soldaten mit gezogenen Schwertern. Im Nu hatten sie die Freunde umringt.

Judas trat vor.

»Hallo, Jesus«, sagte er und gab ihm einen Kuss auf die Wange.

»Judas«, sagte Jesus, »verrätst du mich … mit einem Kuss?«

Und schon ergriffen die Soldaten Jesus. Petrus bekam ein Schwert zu fassen und schlug einem der Soldaten ein Ohr ab. »Nein, Petrus«, rief Jesus. »Es reicht!« Dann berührte Jesus das Ohr des Soldaten, und es wurde heil.

Die Soldaten nahmen Jesus mit, und die Freunde blieben allein im Garten.

BEI PILATUS

In der Festung der Römer mitten in Jerusalem machte sich Pilatus Sorgen. Das Passafest war für ihn und alle Römer immer eine schwierige Zeit. Beim Passafest ging es ja darum, wie Gott das Volk Israel befreit hatte.

Und jetzt waren Soldaten mit einem Streithammel angerückt, der Jesus hieß. Ausgerechnet zum Passafest.

»Auch das noch!«, dachte Pilatus.

Pilatus' Aufgabe war es zu entscheiden, ob jemand zum Tode oder zu einer anderen Strafe verurteilt wurde. Deshalb wollte er mit Jesus reden. Aber zu seiner Überraschung sagte Jesus nichts. Er schwieg. Wie ein Lamm, das zum Schlachten geführt wird. Pilatus ärgerte das. »Kapierst du nicht, dass dein Leben in meiner Hand liegt?« »Ich bin nur gekommen, um von der Wahrheit zu erzählen«, sagte Jesus. »Und was ist die Wahrheit?«, fragte Pilatus.

Aber Jesus blieb stumm. Da nahm Pilatus Jesus, stellte ihn vor die Menschenmenge und sagte: »Dieser Mann hat nichts getan, was den Tod verdient.« Aber die Menge draußen rief: »Kreuzige ihn! Kreuzige ihn!«

Pilatus wurde noch wütender. Er hatte weder Zeit noch Lust, wegen so eines Unruhestifters seine Zeit zu verschwenden. Da kam ihm eine Idee. Im Gefängnis saß nämlich ein Mörder, der Barabbas hieß.

»Es ist ja üblich, dass ich zum Passafest einem Gefangenen die Freiheit schenke. Jetzt dürft ihr wählen: Soll ich Barabbas freilassen oder euren König, Jesus?«

Pilatus war sich ganz sicher, was die Leute antworten würden. Aber das Volk rief:

»Lass Barabbas frei! Lass Barabbas frei!«

Pilatus zuckte mit den Achseln. Na gut. Das war dann eben die Entscheidung des Volkes und nicht seine. Und um zu zeigen, dass er keine Schuld hatte an dem, was nun geschehen würde, nahm er Wasser, wusch seine Hände darin und sagte:

»Ich bin unschuldig am Blut dieses Mannes.«

Und so beschloss Pilatus, dass Jesus gekreuzigt werden sollte.

Er übergab ihn seinen Soldaten, die Jesus verspotteten und ihn quälten. Einer der Soldaten drückte Jesus eine Krone aus spitzen Dornen auf den Kopf und in die Stirn.

»König Jesus! Messias«, riefen die Soldaten und lachten.

Dann ließen sie ihn das Kreuz selbst tragen, hinaus aus der Stadt, bis zu einem Platz, der Golgota hieß.

PETRUS VERLEUGNET JESUS

Aus sicherer Entfernung hatte Petrus alles verfolgt und gesehen, was geschehen war. Nun saß er bei einem Feuer, um sich aufzuwärmen.

Eine Magd kam auf ihn zu und sagte: »Du gehörtest doch auch zu diesem Jesus!« Petrus spürte Todesangst. Sollte er jetzt auch gekreuzigt werden?

»Nein, nein, ich kenne den überhaupt nicht«, sagte er.

Da sagte eine andere Frau, die auch beim Feuer saß: »Aber ich erkenne dich doch auch. Natürlich warst du mit Jesus unterwegs!«

Petrus war starr vor Angst.

»Nein!«, sagte er. »Ich schwöre bei Gott: Ich kenne diesen Mann nicht!«

Aber jetzt begannen immer mehr Leute, Petrus wiederzuerkennen.
»Natürlich warst du einer von seinen Freunden!«
»Klar, ich erkenne dich auch wieder!«
»Du warst doch immer mit diesem Jesus zusammen.«
»Ich schwöre bei Gott«, sagte Petrus, »ich kenne diesen Mann nicht!«

In diesem Moment krähte ein Hahn. Da erinnerte sich Petrus an das, was Jesus gesagt hatte: »Bevor der Hahn heute Nacht kräht, wirst du mich dreimal verleugnet haben.«
Petrus rannte weg und weinte. Er war verzweifelt. Was hatte er nur getan!?

Von guten Mächten

2. Noch will das alte unsre Herzen quälen,
noch drückt uns böser Tage schwere Last.
Ach Herr, gib unsern aufgeschreckten Seelen
das Heil, für das du uns geschaffen hast.

5. Lass warm und hell die Kerzen heute flammen,
die du in unsre Dunkelheit gebracht,
führ, wenn es sein kann, wieder uns zusammen.
Wir wissen es, dein Licht scheint in der Nacht.

6. Wenn sich die Stille nun tief um uns breitet,
so lass uns hören jenen vollen Klang
der Welt, die unsichtbar sich um uns weitet,
all deiner Kinder hohen Lobgesang.

T: DIETRICH BONHOEFFER (1944) 1945/1951; 1992
M: SIEGFRIED FIETZ

GOLGOTA

Auf Golgota gab es wenig Platz. In der Menschenmenge drängten sich die Leute. Einige waren traurig, andere waren wütend, und manche fanden es einfach spannend, bei einer Kreuzigung dabei zu sein. Und hier gab es gleich drei Männer – zwei Räuber und diesen Jesus –, die gekreuzigt werden sollten!

Jetzt wurden die Räuber und Jesus nach vorne gestoßen. Jesus war gezwungen worden, sein eigenes Kreuz durch die ganze Stadt zu tragen. Die römischen Soldaten nagelten und banden ihn am Kreuz fest und richteten es dann auf.

Jemand aus der Menge rief: »Wenn du Gottes Sohn bist, dann steig doch runter vom Kreuz!«

Einer sagte: »Anderen hat er geholfen, aber sich selbst kann er nicht helfen.« Schallendes Gelächter ertönte.

Aber Jesus schaute zum Himmel und sagte: »Vater, vergib ihnen. Sie verstehen nicht, was sie tun und sagen.«

Die beiden Räuber waren rechts und links von Jesus gekreuzigt worden. Auch einer von ihnen verhöhnte Jesus. Aber der andere sagte zu ihm: »Sei still! Wir beide bekommen, was wir verdient haben. Wir haben getötet und üble Dinge getan. Aber dieser hier – Jesus – hat nichts Schlechtes getan. Er hat nur von Gottes Reich erzählt.«

Dann blickte er zu Jesus und sagte: »Jesus, denk an mich, wenn du in dein Reich kommst.«

Jesus sah ihn an und sagte: »Ich versichere dir: Noch heute wirst du mit mir im Paradies sein.«

JESUS VON NAZARETH,
DER KÖNIG DER JUDEN

Als es zwölf Uhr Mittag war, wurde es plötzlich dunkel.
Es gab eine Sonnenfinsternis, die drei Stunden dauerte.
Jesus rief mit lauter Stimme: »Mein Gott, mein Gott …
Warum hast du mich verlassen?«
Und dann sagte er: »Es ist vollbracht!«

Jesus war tot.

Es war ganz still. Das Einzige, was man hörte, war ein schwacher Wind.
Der römische Offizier, der unter dem Kreuz stand, sagte:
»Er war wirklich ein guter Mensch … Gottes Sohn.«

Als die römischen Soldaten sahen, dass Jesus tot war, stieß einer von ihnen mit seiner Lanze von der Seite in den Oberkörper von Jesus. Dann gingen sie fort.

Einige der Freunde von Jesus und seine Mutter standen ein wenig abseits und weinten.

Ein Mann, Josef von Arimathäa, bat Pilatus um die Erlaubnis, Jesus vom Kreuz nehmen und ihn in ein Grab legen zu dürfen. Pilatus war einverstanden, und Josef bat einige Freunde, ihm dabei zu helfen. Dann rollten sie einen großen Stein vor die Öffnung der Grabhöhle.

Korn, das in die Erde

2. Über Gottes Liebe brach die Welt den Stab,
   wälzte ihren Felsen vor der Liebe Grab.
   Jesus ist tot. Wie sollte er noch fliehn?
   Liebe wächst wie Weizen, und ihr Halm ist grün.

3. Im Gestein verloren Gottes Samenkorn,
   unser Herz gefangen in Gestrüpp und Dorn –
   hin ging die Nacht, der dritte Tag erschien:
   Liebe wächst wie Weizen, und ihr Halm ist grün.

T: JÜRGEN HENKYS (1976) 1978 NACH DEM ENGLISCHEN »NOW THE GREEN BLADE RISETH« VON JOHN MACLEOD CAMPBELL CRUM 1928
M: »NOËL NOUVELET« FRANKREICH (15. JH.) 1950

DAS LEERE GRAB

Zwei Tage waren seit dem schrecklichen Freitag vergangen. Nichts würde je wieder so sein wie vor dem Tod von Jesus.

Jetzt war es früh am Sonntagmorgen, und zwei Frauen waren auf dem Weg zum Grab. Sie wollten den Leichnam mit wohlriechenden Kräutern und Ölen salben. Damals machte man das so.

Maria Magdalena war eine von denen, die Jesus gefolgt waren und ihm zugehört hatten. Jetzt trug sie das Öl, um den toten Körper damit zu salben. Was geschehen war, war so grässlich! Wie hatten sie ihn nur umbringen können! Ihn, der nie etwas Böses getan hatte.

Neben ihr ging eine andere Maria. Ihre Augen waren so voller Tränen, dass sie kaum sah, wo sie ging. Sie blieb stehen und legte die Kräuter aus der Hand, um ihre Tränen trocknen zu können. Und da sah sie es:

Der Stein war vom Grab weggerollt worden.

Als die Frauen ins Grab hineingingen,
entdeckten sie, dass der Leichnam fort war!
Sie waren entsetzt. Hatte jemand den toten Jesus gestohlen?

Plötzlich standen zwei Engel vor ihnen.

»Warum sucht ihr den Lebenden bei den Toten?«, fragte der eine.

»Er ist nicht hier. Er ist von den Toten auferstanden«, sagte der andere.

Maria und Maria Magdalena waren überglücklich. Sie eilten vom Grab, um die Freunde von Jesus zu suchen und ihnen zu erzählen, was die Engel gesagt hatten. Was für ein Jubel würde da ausbrechen!

Aber so kam es nicht. Die Freunde glaubten den Frauen nämlich nicht. Wie soll denn einer von den Toten auferstehen?!

Nur Petrus lief sofort zum Grab. Tatsächlich: Es war leer.

Halleluja

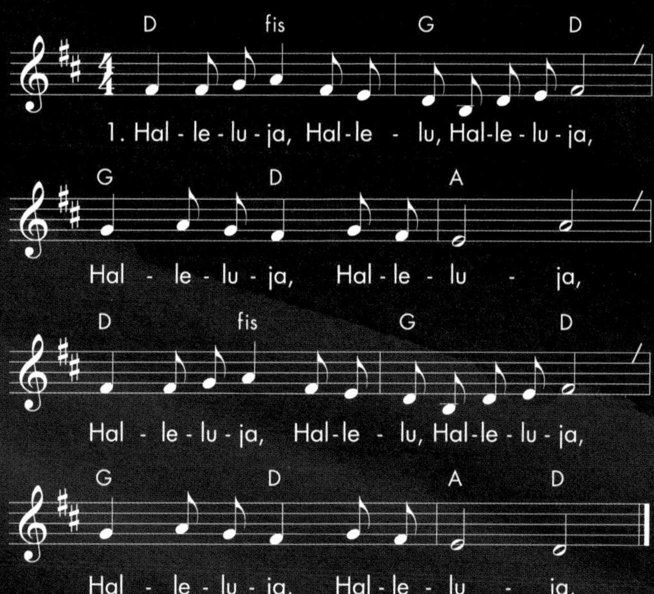

3. Betet, und ihr sollt es nicht vergeblich tun.
   Suchet, und ihr werdet finden.
   Klopft an, und euch wird die Türe aufgetan.
   Halleluja, Halleluja.

4. Lasst Gottes Licht durch euch scheinen in der Welt,
   dass sie den Weg zu ihm findet
   und sie mit euch jeden Tag Gott lobt und preist.
   Halleluja, Halleluja.

SEEK YE FIRST
T UND M: KAREN LAFFERTY

THOMAS ZWEIFELT

Die Freunde hatten Angst um ihr Leben. Konnte es sein, dass man auch sie noch töten wollte? Und was war mit dem Leichnam von Jesus passiert? Womöglich verdächtigte man noch die Freunde, die Leiche gestohlen zu haben. Und was war eigentlich am frühen Morgen am Grab geschehen?

Jetzt mussten sie sich verstecken. Sie schickten Thomas los, um Brot zu kaufen. Dann verschlossen sie die Tür.

Plötzlich stand Jesus mitten im Raum.

»Friede sei mit euch!«, sagte er.

Dann zeigte er ihnen seine Hände. Man sah, wo die Nägel sie durchbohrt hatten. Jesus zeigte ihnen sogar das Loch, das der Soldat mit der Lanze in seine Seite gestochen hatte.

»Wie Gott mich zu euch geschickt hat, so schicke ich nun euch hinaus in die Welt«, sagte er.

Dann verschwand er.

Es klopfte an der Tür. Thomas war zurück. Als er ins Zimmer kam, redeten alle durcheinander.

»Jesus war hier! Du hast ihn verpasst.«

»Er lebt!«

Thomas war gleichzeitig wütend und traurig.

»Ihr wisst doch selbst, dass das nicht stimmt. Ihr habt euch das eingebildet. Er ist tot, das ist uns doch allen klar.«

»Nein, Jesus lebt! Er ist auferstanden!«

»Hört auf damit!«, sagte Thomas wütend. »Um zu glauben, was ihr sagt, müsste ich schon selbst die Nagellöcher in seinen Händen und den Lanzenstich in seiner Seite sehen.

Eine Woche später geschah es wieder. Die Freunde saßen hinter verschlossenen Türen, und plötzlich stand Jesus mitten unter ihnen.

»Friede euch allen!«, sagte er. Dann sah er Thomas an und sagte: »Streck deinen Finger aus und spüre meine Hände. Und leg deine Hand in meine Seite. Zweifle nicht, Thomas, sondern glaube!«

Dann verschwand Jesus wieder.

Als sie wieder allein waren, hatte Thomas weiche Knie.
Langsam wandte er sich den anderen zu.

»Jesus ist wirklich auferstanden«, sagte er. »Er ist Gottes Sohn.«

EMMAUS

Viele Menschen trauerten, nachdem Jesus gestorben war. Zwei von denen, die Jesus gefolgt waren und ihm zugehört hatten, waren jetzt auf dem Weg zu einer Stadt, die Emmaus hieß. Von Jerusalem nach Emmaus brauchte man etwa zwei Stunden, und die beiden sprachen währenddessen über alles, was in den vergangenen Tagen geschehen war.

Plötzlich bekamen sie Gesellschaft von einem Mann, den sie nicht kannten. Nicht wiedererkannten.

»Worüber redet ihr?«, fragte er sie.

»Wir sprechen über Jesus. Ein Prophet und König, der den Römern ausgeliefert und von ihnen umgebracht wurde. Aber jetzt sagen sie, dass das Grab leer ist und dass die Engel gesagt haben, Jesus lebt.«

»Manche behaupten sogar, dass sie Jesus lebendig gesehen haben. Mit den Nagelspuren und allem!«

Da sagte der Mann zu ihnen: »Begreift ihr das nicht? Es war doch alles vorhergesagt: Der Messias, der König, muss leiden und das alles durchmachen.«

Und dann begann er ihnen zu erzählen: von Adam und Eva, von Mose und Pharaos Tochter, vom Turm in Babel, den zehn Plagen in Ägypten, von David und Goliat …

Er erzählte ganz einfach von dem, was in der Bibel steht.

Als sie Emmaus erreicht hatten, fragten die beiden den Mann, ob er mit ihnen essen wolle. Das wollte er gern. Und als sie mit dem Essen begannen, nahm er das Brot, teilte es und gab es ihnen. Erst da verstanden sie, wer er war. Das war doch Jesus!

Aber genau in dem Moment, als sie ihn wiedererkannten, verschwand er. Sie sahen einander erstaunt an. »Jesus ist wirklich von den Toten auferstanden!« Und schon machten sie sich eilig auf den Weg zurück nach Jerusalem, zu den Freunden von Jesus.

»Wir haben ihn gesehen!«

Plötzlich war Jesus wieder mitten unter ihnen. »Friede sei mit euch!«, sagte er. Und sie durften seine Hände und Füße ansehen und berühren.

Dann sagte Jesus: »Ich bin nicht tot. Ich lebe!«

Möge die Straße uns zusammenführen

2. Führe die Straße, die du gehst
immer nur zu deinem Ziel bergab;
hab wenn es kühl wird, warme Gedanken
und den vollen Mond in dunkler Nacht

4. Bis wir uns mal wiedersehen,
hoffe ich, dass Gott dich nicht verlässt;
er halte dich in seinen Händen,
doch drücke seine Hand dich nie zu fest.

T UND M: MARKUS PYTLIK

DER HEILIGE GEIST

Aber Jesus konnte nicht auf der Erde bleiben. Er musste zu Gott zurückkehren. Deshalb versammelte er seine Freunde und sagte:

»Ich muss euch verlassen. Aber macht euch keine Sorgen, ich werde euch den Heiligen Geist senden. Er wird euch helfen und bei euch sein. Geht deshalb hinaus in die Welt und macht alle Menschen zu meinen Freunden. Tauft sie im Namen des Vaters und des Sohnes und des Heiligen Geistes, und zeigt ihnen, wie sie die Gebote halten können. Und ich werde mit euch sein bis zum Ende der Zeiten.«

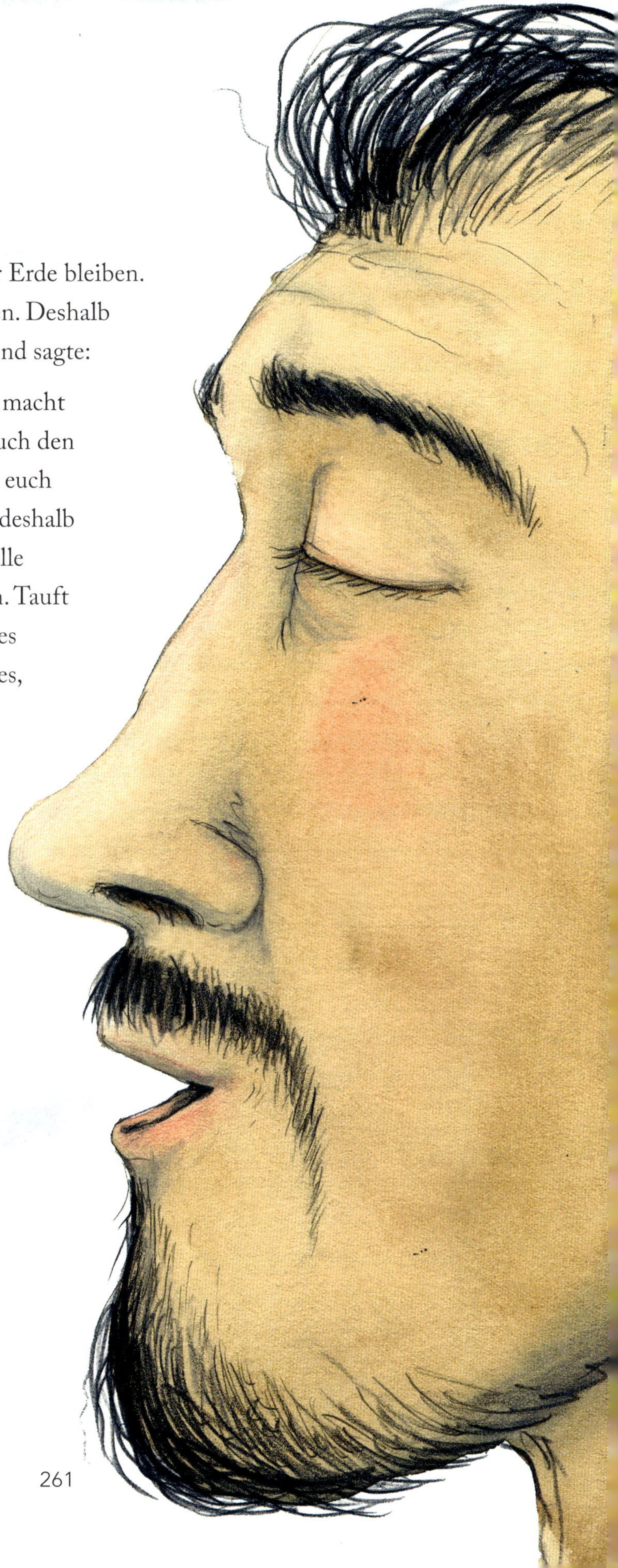

So gingen die Freunde von Jesus hinaus in die Welt, um von dem zu erzählen, was sie erlebt hatten. Und weil sie das taten, weißt du jetzt von den Geschichten, die in diesem Buch erzählt werden.

Der Heilige Geist bewirkte, dass die Christen einander verstanden, egal, woher sie kamen. Und durch den Heiligen Geist spricht Gott auch zu uns, so wie er zu Mose, Hagar oder Maria gesprochen hat.

Durch den Heiligen Geist können du und ich bis heute zu Gott beten. In unserer Sprache. Wir können beten, bevor wir ins Bett gehen, wir können in den Gottesdienst gehen, und wir können das Abendmahl feiern, so wie Jesus und seine Freunde es taten, als sie das letzte Mal zu einer Mahlzeit zusammensaßen.

Die Menschen, die dem auferstandenen Jesus nachfolgten, fassten ihren Glauben später ungefähr so zusammen:

Wir glauben an Gott, der alles geschaffen hat.

Wir glauben auch an Jesus, seinen Sohn, der von der Jungfrau Maria geboren wurde, unter Pilatus gelitten hat, der gekreuzigt wurde, starb und begraben wurde, der aber von den Toten auferstand. Eines Tages wird er zurückkommen, um die Lebenden und die Toten zu richten.

Wir glauben an den Heiligen Geist, an die Kirche, Vergebung der Sünden, die Auferstehung der Toten und das ewige Leben.

Immer und überall

T UND M: DANIEL KALLAUCH

Jetzt hast du einige der spannendsten Geschichten der Bibel kennengelernt. Es gibt noch viel mehr, denn die Bibel ist ein dickes Buch. Auf der nächsten Doppelseite siehst du, woher die Geschichten dieser Kinderbibel stammen, falls du sie in einer »richtigen« Bibel nachlesen willst.

BIBELSTELLENREGISTER

JESUS WIRD GEBOREN	Lukas 2,1-20 Matthäus 1,18 - 2,23
HERODES UND DIE WEISEN MÄNNER	Lukas 2,1-20 Matthäus 1,18 - 2,23
DIE SCHÖPFUNG	Genesis 1-3
DIE SCHLANGE	Genesis 1-3
KAIN UND ABEL	Genesis 4,1-16
NOAH	Genesis 6,5-9.19
DER TURM VON BABEL	Genesis 11,1-9
SARA, HAGAR UND ABRAHAM	Genesis 12; 16; 21
JAKOB UND ESAU	Genesis 25-31
JAKOBS TRAUM	Genesis 32
JOSEF IM BRUNNEN	Genesis 37
JOSEF DEUTET TRÄUME	Genesis 41
JOSEFS BRÜDER KOMMEN NACH ÄGYPTEN	Genesis 42-43
MOSE IM SCHILF	Exodus 1-2
MOSE UND DER BRENNENDE BUSCH	Exodus 3
GOTT, PHARAO UND DIE ZEHN PLAGEN	Exodus 5-14
DER AUSZUG AUS ÄGYPTEN	Exodus 14-15
GOTTES ZEHN GEBOTE	Exodus 20
NAOMI UND RUT	Ruth
DAVID UND GOLIAT	1. Samuel 17
DER ZWÖLFJÄHRIGE JESUS IM TEMPEL	Lukas 2,41-52
JESUS WIR GETAUFT	Markus 1,9-11 Matthäus 3,1-17 Lukas 3,1-22 Matthäus 5,38-42; 7,12
JESUS BERUFT SEINE FREUNDE	Markus 1,16-20 Matthäus 4,18-22 Lukas 5,1-11 Matthäus 6,9-13 Johannes 8,12

JESUS UND DIE KINDER	Markus 10,13-16 Matthäus 19,16-26
MARTA UND MARIA	Lukas 10,38-42
»TALITA KUM!«	Markus 5,21-43 Matthäus 9,18-26 Lukas 8,40-56
DAS VERLORENE SCHAF	Lukas 15,1-7
DER VERLORENE SOHN	Lukas 15,11-32
DER BARMHERZIGE SAMARITER	Lukas 10,25-37
»WER VON EUCH OHNE SÜNDE IST ...«	Johannes 7,53-8,11
EIN LAHMER IN KAPERNAUM	Markus 2,1-12 Matthäus 9,1-8 Lukas 5,17-26
JESUS GEHT AUF DEM WASSER	Matthäus 14,22-32
FÜNF BROTE, ZWEI FISCHE UND ZWÖLF KÖRBE	Markus 6,30-44 Matthäus 14,13-21 Lukas 9,10-17
JESUS ZIEHT IN JERUSALEM EIN	Markus 11,1-11 Matthäus 21,1-11 Lukas 19,28-40
DAS LETZTE MAHL	Matthäus 26,17-35 1. Korinther 11,23-25 Lukas 22,14-20
GETHSEMANE	Matthäus 26,36-56 Lukas 22,47-53
BEI PILATUS	Matthäus 27,1-26
PETRUS VERLEUGNET JESUS	Matthäus 26,69-75
GOLGOTA	Matthäus 27,32-66 Johannes 19,25-37 Lukas 23,32-49
DAS LEERE GRAB	Matteus 28,1-15
THOMAS ZWEIFELT	Johannes 20,19-29
EMMAUS	Lukas 24,14-35
DER HEILIGE GEIST	Matthäus 28,16-20

LIEDER MIT NOTEN

BIBELWORTE

GEBETE UND GEDICHTE

DAS KIRCHENJAHR

Manche Tage, die in dem Kreis angezeigt sind, werden bei uns nicht gefeiert, z.B. der Aposteltag.

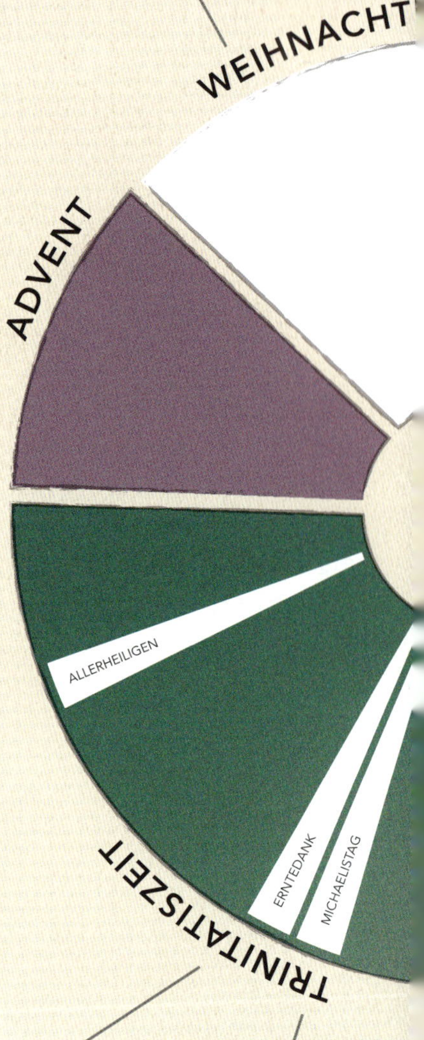

Das Kirchenjahr ist der Kalender der Kirche. Es beginnt mit dem Advent – das bedeutet Ankunft und meint die Ankunft von Jesus. Durch das Kirchenjahr folgen wir den Spuren von Jesus, und zwar so, dass wir dabei über die verschiedenen Dinge in unserem eigenen Leben nachdenken.

Die Farben des Kirchenjahrs stehen für verschiedene Dinge: Weiß ist die Farbe der Freude, Violett bedeutet Warten oder Vorbereitung, Schwarz ist die Farbe der Trauer, Rot steht für den Heiligen Geist und Grün für das Wachstum.

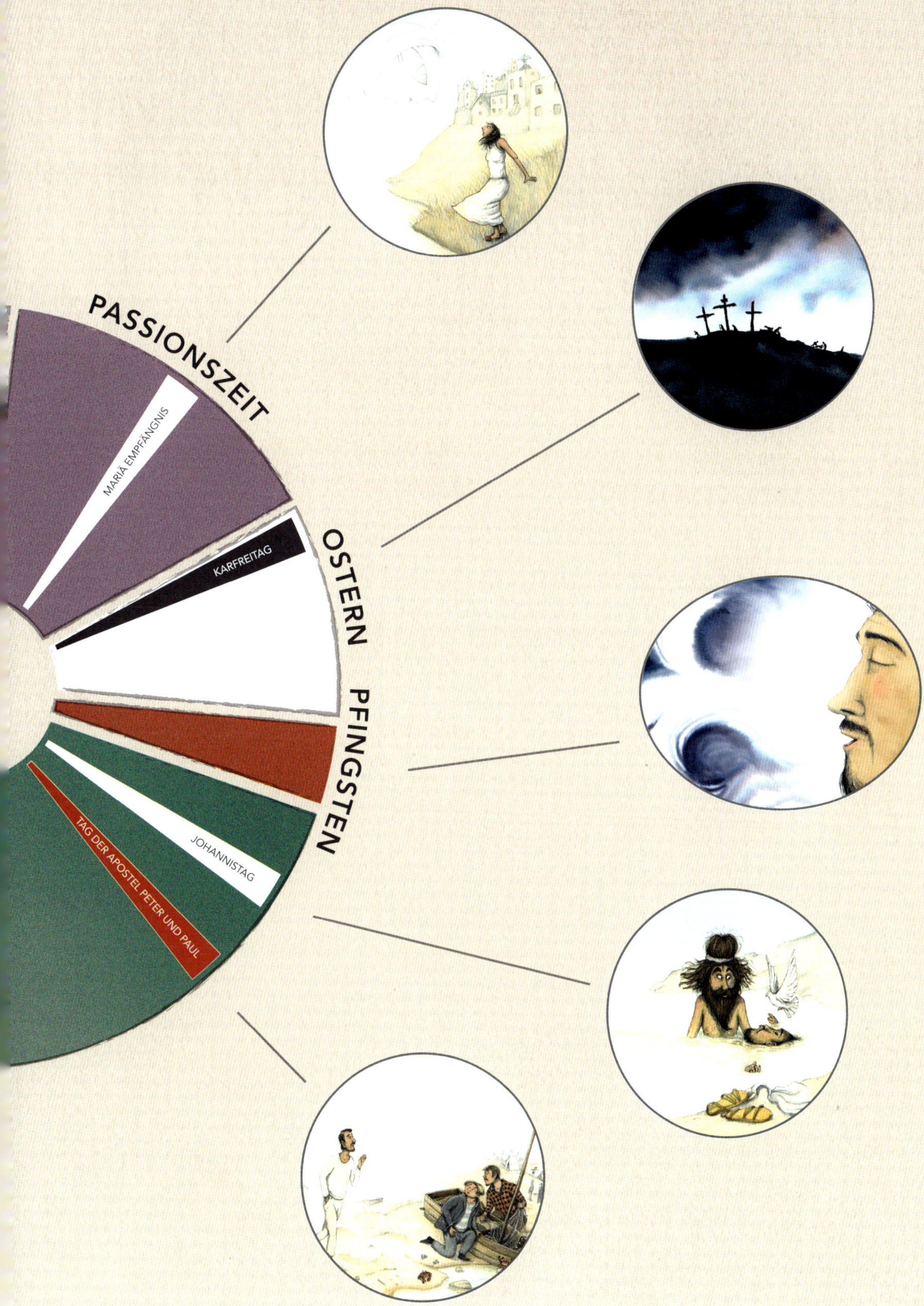
PASSIONSZEIT
MARIÄ EMPFÄNGNIS
KARFREITAG
OSTERN
PFINGSTEN
JOHANNISTAG
TAG DER APOSTEL PETER UND PAUL

Bleibe bei uns, Herr,
denn es will Abend werden,
und der Tag hat sich geneigt.
Bleibe bei uns und bei allen
deinen Kindern
in Zeit und Ewigkeit.
Amen